一本书读懂佛学与心理学，人类思想的两种伟大智慧

悉达多的心理学

——对现代心理学说"不够"

金木水 著

海南出版社
HAINAN PUBLISHING HOUSE

目 录

给佛学爱好者的提纲

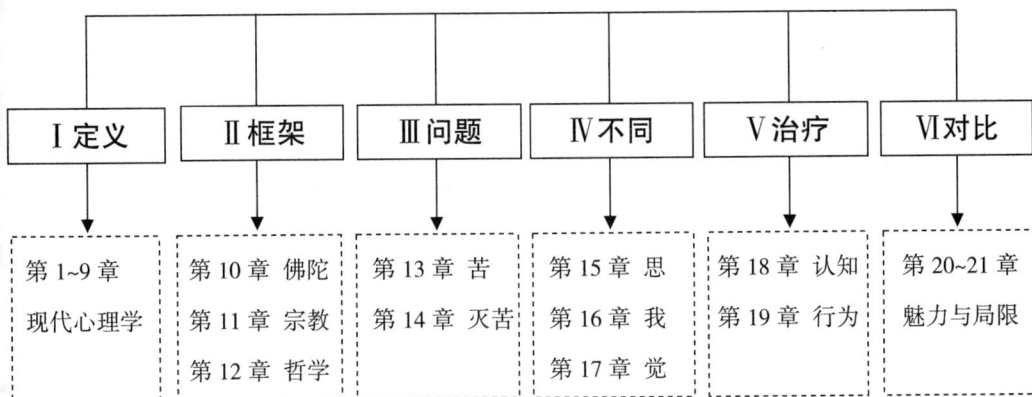

I 定义	II 框架	III 问题	IV 不同	V 治疗	VI 对比
第1~9章 现代心理学	第10章 佛陀 第11章 宗教 第12章 哲学	第13章 苦 第14章 灭苦	第15章 思 第16章 我 第17章 觉	第18章 认知 第19章 行为	第20~21章 魅力与局限

给心理学爱好者的提纲

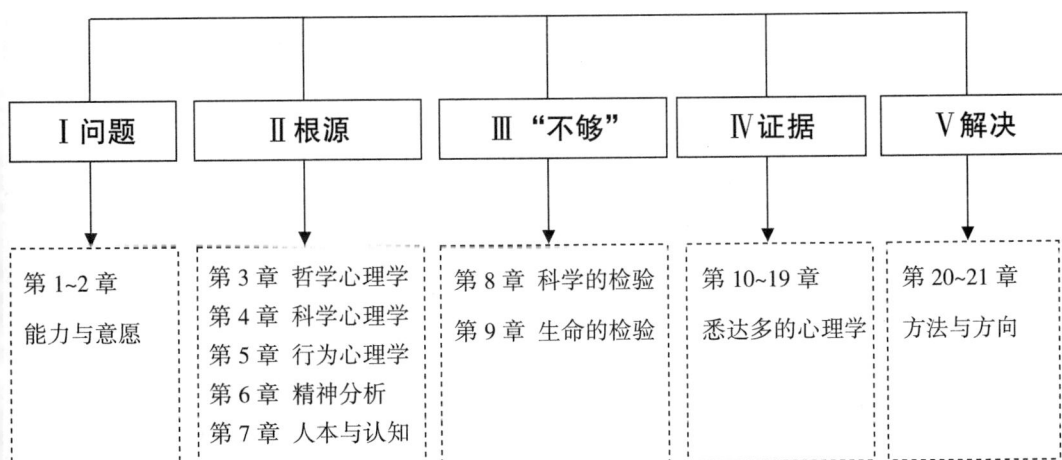

I 问题	II 根源	III "不够"	IV 证据	V 解决
第1~2章 能力与意愿	第3章 哲学心理学 第4章 科学心理学 第5章 行为心理学 第6章 精神分析 第7章 人本与认知	第8章 科学的检验 第9章 生命的检验	第10~19章 悉达多的心理学	第20~21章 方法与方向

前言

两种智慧

你拿起了一本书，却翻开了两本书。

本书第一部分如果单独成册，应该叫《对现代心理学说"不够"》；第二部分如果单独成册，应该叫《悉达多的心理学》。你也可以这样理解，本书名为《悉达多的心理学》，实际上先讲了"悉达多"，后讲了"心理学"。

关于"心理学"，我想说明的是："不够"不表示不敬。因为不够有两种："很好而不够"或"不好而不够"。本书指的是前一种，即现代心理学很科学但要补充。更何况，我国心理学界的前辈荆其诚先生（已故）还是本人的表亲，尽管他未必同意本书的副标题，但我对他和心理学都十分敬重。可以说，我爱心理学，所以才批评心理学。

关于"悉达多"，我想说明的是：虽说用"世尊"更尊敬，可那样的话，本书似乎变成了宗教书。别误解，本人既坚决支持理性，也坚决支持宗教，作为折中：当涉及个人时，我多用"悉达多"；当涉及佛教时，我多用"佛陀"——为的是表明本书的主角是现身于世的那个人，不是升天之后的那位神。

从标题中各位已经看出，本书涉及人类思想史上的两种伟大智慧。

要说本书的缘由，主要是有感而发：

一是有感于知识阶层的烦恼。之所以强调知识阶层，倒不是因为这个人群格外优越，而是因为这个人群格外容易受害。套用一句俗话：未

1

必"知识越多越反动"，但一定"知识越多越烦恼"。究其原因，知识让人胡思乱想，而胡思乱想让人抑郁、焦虑、担心、后悔、自责、悲伤、愤怒……

二是有感于理性资源的匮乏。之所以强调理性资源，因为现代社会中知识阶层的比重越来越大，可适合我们的方法却很少。何以见得？如果把心灵的道理分为信仰类与理性类，首先可以先排除前一类。不是说信仰不对，相反，现代人急需信仰，可问题出在信仰要求"先信仰、后理解"，而知识阶层要求"我先想清楚，再决定信还是不信"，结果彼此无缘。如何帮助这些"非想清楚不可"的大脑呢？只能靠理性。可现实情况是：成体系的理性资源很少。

我找来找去，只找出两种：现代心理学与佛学。

至于为什么只有这两种，正是这本书要回答的问题。

首先，我希望讲清楚现代心理学能做什么、不能做什么。或许你会问：市场上的心理学书已经很多，本书有何不同？很简单，心理学界虽然内部观点各异，对外却惊人一致地为现代心理学"歌功颂德"。我能理解对科学的歌功颂德，却偏好以科学的精神"理性质疑"。并且不能只破不立，必须有破有立。这是本书作为心理学书的两点不同。

接下来，我更希望讲清楚佛学能做什么、不能做什么。同样你会问：市场上的佛学书已经很多，本书有何不同？也很简单，我想写的既非神秘的宗教，亦非放下、淡然、不执着的小故事，而是佛陀的理性与逻辑。并且我不准备按教义来写，而准备按心理学来写。这是本书作为佛学书的两点不同。

最后，我还希望清楚地比较佛学与现代心理学：前者能否解决后者解决不了的问题？各位很想知道比较的结论吧？谨此预告比较的难度：心理学爱好者可能指责我不够中立，而佛学爱好者又可能拒绝接受我的中立，两边恰恰证明"本书不能更中立"！

关于阅读的建议，既然本来就不只一本书，那你就当两本书读吧。

如果对心理学感兴趣，可按第一、三、二部分的顺序读；如果对佛学感兴趣，可按第二、三、一部分的顺序读；即使在每一部分中，你也可以跳跃阅读。其实这种方式我原本排斥，为什么现在反而鼓励呢？

因为本书信息量实在太大！想想看，人类思想史上的两种伟大智慧，各写出十卷八卷都不多，现在却写到一本书中：先是现代心理学像从一块面包被压缩成一层饼干，接着佛学像从另一块面包被压缩成另一层饼干，最后还被叠加成"双层压缩饼干"。

除非你能说：智慧的营养，多多益善！

对仅仅出于好奇的朋友，我希望本书能最大限度满足你的好奇——让两种伟大的人类智慧在你头脑中碰撞，或许会碰撞出思想的火花吧。要知道前人的智慧固然重要，可什么更重要呢？

唯有属于自己的那一点点！

对有一定专业基础的朋友，我希望本书能最大限度挑战你的专业基础——现代心理学是科学真的没问题吗？佛学不是科学还算心理学吗？如果刚开始读时你越来越困惑，那读到最后你会越来越清醒。要知道，既然是真智慧，就经得起理性的质疑。若问谁的理性？

唯有你我自己的理性！

金木水

2016 年写于南京紫金山

读懂第一种智慧

第一部分 对现代心理学说"不够"

——为什么对这门科学我们不能预期过高?

1. 谁有病，谁没病，谁治病

——心理学似乎不足以解决心理问题

20 世纪初，美国正经历着工业化的冲击：一方面，国际地位不断提高，物质生活极大改善；另一方面，每个人都希望出人头地，精神压力剧增。于是社会上出现一种怪病，症状是失眠、忧郁、头痛，有时还有皮疹、眩晕、胃溃疡，严重的情况出现"脑崩溃"。为什么叫它怪病呢？这些人生理正常——按当时的医学标准不算病人，也没有幻觉——按当时的医学标准也不算疯子，医生不得不给"怪病"起了一个新的名字——神经衰弱。[1-1]

据说，神经衰弱当初在美国如此流行，以至于有一本通俗读物就叫《没有人没有神经衰弱》。还据说，美国心理学开创者威廉·詹姆斯当初产生对心理学的冲动，就因为自己、亲戚、朋友、同事都得了神经衰弱。

这个故事是我从心理学家舒尔茨的书中读到的。[1-1]之所以讲这个故事，因为我发现一百多年后，这种"怪病"终于传到了中国：看看我们周围，同样存在着物质越来越好、精神越来越烦的反差，也同样流行着失眠、忧郁、焦虑、头痛。于是就像一个世纪前的威廉·詹姆斯那样，一个世纪后的我也产生了对心理学的冲动。

什么样的契机，会使一个人对心理学感兴趣？

心理问题。荣格说：没有痛苦，就没有意识的觉醒。提到心理问题往往被想得太严重，其实它可大可小：极端的心理问题才算心理疾病，普遍的心理问题只算烦恼，它们都是心理健康的反面，只不过反面的程度不同罢了。可以说：正是每个人对心理健康的关注，把他或她引向了心理学。

又是什么样的契机，会使一个人对佛学感兴趣？

佛陀说：人生是苦。[1-2]如果你对这句话不曾体会，也就不会对佛学感兴趣。回想年轻时的我就是这样，烦恼虽然很多，解脱似乎很快，如果那时有人告诉我人生是苦，我一定会反驳说："不，人生是快乐。"直到中年后，发现身、心、境变化无常时，我才体会到人生"有"苦。再到发现"苦"无法逃避时，我才体会到人生"是"苦。虽然每人情况不同，但可以说：正是每个人对解脱苦的向往，把他或她引向了佛学。

要说心理问题和苦有什么关联，它们基本是一回事。之所以听起来像两回事，因为它们来自两个系统，对现代人来讲，两个系统的语言都过于生僻罢了。其实心理问题说白了，开始于烦恼，大部分是烦恼；苦说白了，也开始于烦恼，大部分也是烦恼。没错，**正是烦恼，把心理学、佛学与我们连接起来。**

当然上述契机是对普通人而言。如果考大学时，你稀里糊涂地报了心理系，那你不需要心理问题这种契机。类似地，如果小小年纪，你阴差阳错地被送进庙里，那也不需要"苦"这种契机。除了以上"专业人士"，如果各位自觉地对这个话题感兴趣，那肯定有一种契机——烦恼就是你的契机。

之所以提到契机，因为我们要定义"够不够"。

想想看，从怎样的契机出发，决定了以怎样的标准为"够"。比如口渴的朋友，以解渴为"够"，不会以你递来的本书为"够"；而求知的朋友，以求知为"够"，不会以你递来的馒头为"够"。

因此就好理解：既然公众接触心理学与佛学，原本以烦恼为契机，那本书自然以消除烦恼为评判"够不够"的标准。而上面提到的"专业人士"则很难讲，其中少数可能因另有契机也另有标准。不过，我相信多数的心理学家，无论自己有何契机，都将以公众的标准为准——在我眼中，这才叫真正的"专业"！

好，我们明确了"够不够"的标准（甚至提升了"专业人士"的标准），下面可以进入主题了。

本书的主题是：心理学和佛学能消除烦恼吗？它们"够"还是"不够"？说来话长。

从内容上看，心理学有心理治疗，佛学有"灭苦"。问题是：有内容不等于效果够，存不存在"中看不中用"的可能呢？甚至有内容不等于内容够，存不存在"非核心内容"的可能呢？最好别急着下结论。

尤其对争议性的"谁够谁不够"，就更别急着下结论。较为稳妥的办法是：我们先看看心理学"够不够"，再看看佛学"够不够"，最后比较"谁够谁不够"。本书三部分由此而来。

＊两个问题

在讨论"现代心理学够不够"之前，当务之急要把这个过于宏大的主题分解开来。既然"不够"可以分为"能力不够"和"意愿不够"，那第一部分的主题也可以分为：

第一，现代心理学是否足以解决现代人的心理问题？

第二，现代心理学是否愿意解决现代人的心理问题？

我们先用前两章，分别讲清楚这两个问题。如果各位发现这两章的观点有失偏颇，那并无异常。要知道，既然作者不准备立即得出结论，就也不准备立即全面公正，那些都是后面章节的事。作者仅希望先说明——问题可能存在。

关于第一个问题，有人会觉得太简单，理由是初学者也有类似困惑。那样的话的确太简单了，心理学教材中已有"标准答案"。可那样的话，本书还需要写吗？显然作者并不认可那些"标准答案"。为公平起见，我会列出与心理学家的相互回应，回应到最后各位会发现：问题既不像我提得那么简单，也不像心理学家答得那么轻松。

你会问：凭什么连科学的现代心理学都不认可呢？我以为，全凭与科学一致的原则——观察。近代科学的先知弗朗西斯·培根说：科学始于观察。因此对第一个问题的回答，理应源于对心理问题的观察。不过让各位抓狂的是，心理学家们在观察，作者也在观察，结论却不同。如果自我检讨的话，大家都在观察各自希望的事，并美其名曰"着眼点不同"。

比如关于"现代心理学是否足以解决现代人的心理问题"，心理学家能列举出心理学治好了很多病，而我能列举出心理学没治好很多病。于是各位要问：哪种情况更普遍呢？我想更让各位抓狂的是，要想统计清楚病例，就要定义清楚病人。谁有病？谁没病？

* 医护人员的判断

作家丽塔·布朗这样判断：根据精神正常的标准统计，每四个美国人中就有一个患精神病。好，现在数出三个你最好的朋友，如果他们都神志正常，那不正常的就是你。

这当然是句玩笑话。要定义"谁有病，谁没病"，我们不该自行判断，应该找专业人士才对。在专业人士中，我们会先想到心理学家，可事实上心理学家们知识虽多，但缺少实践。什么人比心理学家更有资格判断？当属精神病院的医护人员，他（她）们既受过理论培训，又具备实战经验。问题是：这就足以确保判断无误了吗？心理学爱好者会立即指向最新版本的 DSM 诊断标准，[1-3]但别急，我们要先从之前的故事讲起。

在 1973 年，心理学家罗森汉做了以下实验：[1-4]

罗森汉征集了八名理智正常的志愿者，让这些志愿者主动要求被精神病院收容。按照指示，这些志愿者一旦进入精神病院，就恢复正常，积极表现，申请出院。结果呢？八名假病人平均花了十九天才获准离开，期间没有一位医务人员发现他们不是病人！

可以想象，实验结果一公布，既让公众跌破眼镜，也让心理治疗界陷于恐慌，于是心理医生们迫不及待地解释：问题不在于精神疾病的诊断，而在于医务人员的疏忽。

真的如此吗？事实证明相反：如果医务人员不疏忽，结果反而更糟。要知道，罗森汉的实验没有结束，接着他又进行了后续实验。

罗森汉对前面的精神病院重新发出了警告："我准备再次安排假病人入院，请严格甄别。"实际上，罗森汉只在虚张声势，并未付诸实施。结果呢？在三个月内，医院报告了一百九十三例假病人！罗森汉多次重复上述实验，每次都得到相似的结果。

罗森汉的结论是："在精神病院，我们无法区分正常人和精神病人。"虽说这句话是就事论事，其实前缀大可不必：在或不在精神病院，我们都无法区分正常人和精神病人。

五十年过去了，情况并未发生根本改变。最新版本的 DSM 标准其实印证了这点，在这本美国精神医学学会编写的《精神障碍统计与诊断手册》中，每条症状的描述都存在相当的伸缩空间。如果把这些描述归类为 Dysfunction,Distress,Deviation，即功能障碍、精神障碍、社交障碍，这"3D"或三障碍，何尝不都取决于"谁在判断"？倒不是说这有何不妥，只是希望各位对心理诊断的主观性有所预计罢了。

关于如何统计，我们进了一步：**从现象上，正常人与病人无法判断。**

＊心理学家的解释

该如何来解释"无法判断"的现象呢？

作家雨果·贝蒂说：我们都不正常。正因为人人都偏离常规，所以

6

才给每人起一个不同的名字。这当然也是玩笑话，毫不专业。因此我们再看看另一类专业人员——心理学家的意见。

虽然有一百个心理学家就有一百种不同的意见，好在心理学家中的大部分都认同正常人与病人没有本质区别。

最具有代表性的是弗洛伊德（Freud）。其社会心理观可以归纳为：人天生与环境存在冲突。让我们把这句话拆开来理解：

——弗洛伊德所说的"人"，主要指人的本能。深受达尔文进化论的影响，弗洛伊德认为人类没有自己想象的高贵，实际上受控于动物般的本能。早年他总结出性本能和生存本能，晚年他把这两种合并为"生之本能"，又增加了破坏的本能，即"死之本能"。

——弗洛伊德所说的"天生"，主要指本能从很小就表现出来。据他观察，性和破坏的本能最早可以追溯到婴儿期，在青春期发展到顶点，并会永远保留在成年人的潜意识中。

——弗洛伊德所说的"环境"，主要指社会环境。他发明了"社会神经症"一词，意思是不仅个人病了，社会也病了，并预言"总有一天，会有人从事研究文明社会病理的工作"。[1-5]

——弗洛伊德所说的"冲突"，主要指本能无法抑制。由于"生之本能"，我们无法抑制爱；又由于"死之本能"，我们无法抑制破坏。

尽管弗洛伊德比罗森汉早很多，但前者的理论可以解释后者的实验：既然"人天生与环境冲突"，那么人天生压抑就不足为奇了；既然人内心压抑，那么外表伪装就不足为奇了；既然内外有别，那么医护人员无法判断就不足为奇了。其实弗洛伊德本人也说过，健康与病态"只是一个量的差异，并非质的差异"。[1-6]

除了弗洛伊德外，另一些心理学家从不同角度得出了相似的结论。

如何看待正常人也会表现不正常？

认知心理学家阿森伦的名言是：做出疯狂举动的人不一定是疯子。

他发现，在某些极端情景中，正常人会产生认知失调，做出"令人作呕的举动"。[1-7]也就是说，正常人与病人都可能产生错误认知，绝对正常并不存在。

人本心理学家马斯洛的观点从侧面证明了这点。在马斯洛看来，只有满足了自我实现需求的人才被认为心理健康。可他又认为，真正达到这种标准的人不超过人口总数的1%。[1-8]那剩下99%的人群，从总数看正常，从自我实现角度看又不完全正常吧。

反过来，如何看待病人也会表现正常？

心理医师莱恩发现，患者所表现出来的异常的行为，不过是对痛苦的有效表达。[1-9]也就是说，精神病人和正常人只不过选择了各自不同的表达方式，绝对异常也不存在。

英国心理学家艾森克的观点从侧面证明了这点。艾森克认为天才与疯子只有一线之隔，而神经质是将创造力转化为现实中的成功的重要因素。[1-10]那如何区分一个神经质的人和一个有创造力的人呢？很难，也许是同一个人！

关于如何统计，我们又进了一步：**从本质上，正常人与病人无法区别。**

* 谁有病，谁没病

在两次进步后，"谁有病，谁没病"的问题陷入了僵局：**精神疾病难以界定。**

马克·吐温说：想到我们都是疯子，种种难解之谜于是消失，生活也变得可以解释。虽说还是玩笑，可该如何解释现实呢？第一，不能说人人有精神疾病；第二，生活中确实存在精神疾病；第三，精神疾病又难以界定……

该如何突破僵局呢？如果连美国精神医学学会都难以清晰界定的

话，按说就很难有更好的办法了；但作为"没有办法的办法"，我们不妨从语言入手。

关于"精神疾病"一词，如果把"病"太当真，那就面临判断"病"与"非病"的难题，而医学与心理学已经证明无法解决。因此我建议：除了爆发的，把未爆发的精神疾病，都理解为"烦恼"。

另一个词"心理问题"，情况类似：难以界定，又无法否认。比如我们每个人都能自己感觉自己：有时心情好，好到没问题；有时心情差，差到有问题。要避免判断"有问题"与"没问题"的难题，我也建议：除了明显的，把不明显的心理问题都理解为"烦恼"。

潜在的精神疾病即大烦恼，潜在的心理问题即小烦恼。

有了上述"不完美但比没有好"的定义，我们才能对"谁有病，谁没病"继续观察。

对于"谁有病"，实际情况是：**谁都烦恼。**究其原因，生活节奏太快，人与人接触太频繁，社会预期太高，这些都带来持续而莫名的烦恼。终极的烦恼来自人生的迷茫，如心理学家弗洛姆描述：他虽然拼命地工作力求上进，但对自己一切活动的徒劳却茫然无知；他虽然处世的能力增强了，但对个人生活、对社会却觉得力穷心绌；他虽然发明了种种新的、更佳的方法来征服自然，却陷入那些错综复杂方法的迷津中，而未能察觉这些方法只有实现了人的目的才有意义。[1-11]

烦恼如此普遍，以至于连心理医生也上了榜单。在一份对所有医师做的心理调查中，心理师和麻醉师问题最多。这不奇怪，早在两千多年之前《圣经》就写道："医生，你医治自己吧。"更不奇怪的是，历史上诸多心理学大师——费希纳、弗洛伊德、詹姆斯、荣格、克莱因等——都坦诚自己先为患者，后为医师，他们中的很多人曾经濒临精神崩溃，因此才走上心理之路。

对于"谁没病"，实际情况是：**谁都可能发病。**究其原因，烦恼不是病，却随时可能转化为病。对这种"没病却待病"的状态，最贴切的形容就是"心理上的亚健康状态"。"亚健康不是病"好理解，可亚健康为什么一定会发病呢？机制就在于法国学家杜尔凯姆提出的"社会紊乱"，说白了，即使你自己不想发病，社会也会让你发病。

杜尔凯姆解释道：社会过于发达，以至于原有的社会架构受到破坏。这些社会结构如家庭、宗教、邻里关系原来是真诚而连接生活的，现在都变为无关紧要。生活在这种发达社会的人，看似自由，实际缺乏真正的共同关系，也无法引起生活的兴趣，变成了无序的尘埃。[1-12]杜尔凯姆发现，自杀现象随着工业化进展大幅度提升，这说明"社会紊乱"中的每一个体，从心理亚健康到心理不健康，都仅仅一步之遥。

总结我们的观察：**问题不是少见，而是普遍！危机不是不存在，而是没爆发！**

* 谁治病

接下来，谁治病？

不仅现代人爆发的"病"要治，即使现代人潜在的"病"也要治啊。可我听说，有一门专门研究心理的学科，叫现代心理学，其中有一个专门负责治疗的分支，叫心理治疗。

心理学界对自己的描述如"高山仰止"一般，以至于引起了我的怀疑，尤其前面的观察令我不得不怀疑：想想现代心理学界为"专业"而洋洋自得的同时，为什么现代人仍然面临"谁都烦恼，谁都可能发病"的心理危机呢？似乎，专业并不那么专业！

由此我产生第一点困惑：**现代心理学不足以解决现代人的心理问题！**

好，问题（困惑）提出了，辩论开始了。下面看看心理学家与我之间的问答。

心理学家怎么回应我的第一点困惑呢？如你所料，越是优秀的医生，就越会找理由，更何况我们面对的是高智商的心理学家！各位去读心理学教科书就会发现，里面早有标准答案。

（正方）现代心理学怎么解决不了问题呢？书中列出一大堆法庭心理学、军事心理学、教育心理学、儿童心理学、工业心理学、社会心理学的应用，然后总结说："这都是因为你们不了解现代心理学的缘故！"

（反方）可如果我们把问题聚焦到心理问题，再问：难道"心理"学不应该解决"心理"问题吗？

（正方）在正常的情况下，心理学家是不会否认责任，更不会否认功劳的：现代心理学负责解决心理问题啊，看看，心理治疗不治好了很多病人吗？

（反方）可如果我们聚焦到周围的现实，追问：可社会上心理问题越来越普遍，越来越严重，是不是现代心理学的步伐跟不上现代人的心理需求呢？

（反方）这时，就没人负责了！心理学家会解释说：不是我不能负责，而是根本不该我负责！（理由见下章）

看看，心理学家演绎了"完美解脱"：把一个问题转移到了另一个问题！不过这种转移恰恰证明，我的第一点困惑仍然成立。

* 心理学和心理治疗

且慢，不用说心理学家，就连聪明的读者也会指出我"用词不当"的问题：心理学是心理学，心理治疗是心理治疗，既然我们讨论的是心理问题，是否应该专指心理治疗才对呢？具体说来，关于我的第一点困惑，是否应该改为对现代心理治疗的困惑？关于本书的副标题，是否应该改为"对现代心理治疗说'不够'"？

感谢这些朋友的提醒，可作者另有考虑。否则的话，怎么会明知有此质疑，还非要触这个霉头呢？

首先，**心理学与心理治疗，在内容上分不开**。我理解心理学中既有治疗，也有理论。按照我的本意，如果理论是理论，治疗是治疗，那该多简单呢！可提出此问题的人比我更清楚，这既不符合心理学的现状，也不符合心理学的历史。心理学的现状是：无论学院心理学家，还是心理治疗师都坚持理论指导实践，前者以后者为延伸，后者以前者为基础。心理学的历史更证明：虽然出现过各种分裂的呼声，可心理学理论与心理治疗在现代心理学的整体框架中，已经纠缠了一百多年。因此我们讨论心理治疗，绕不过心理学理论。

其次，**心理学与心理治疗，在功能上是一回事**。这是由于心理学是整体，心理治疗是它唯一的治疗分支。就好像你是整体，眼睛是你唯一的视觉分支，因此眼睛不是你，可在视觉功能上，眼睛就代表你。试想：眼睛看不见，不等于你看不见吗？反过来，你看不见，不等于眼睛看不见吗？同理，"现代心理学不足以解决现代人的心理问题"与"现代心理治疗不足以解决现代人的心理问题"是一回事，而"对现代心理学说'不够'"与"对现代心理治疗说'不够'"也是一回事。因此请放心，这么写并无不妥；相反，不这么写，在内容上反倒不够严谨。

回到我们刚刚结束的辩论，按说我的第一点困惑虽然成立却并不稀奇，因为每种学说能力有高有低。可真正令人稀奇的困惑还在后面呢！

2. 我爱心理，所以我批评心理学
—— 心理学似乎不愿意解决心理问题

好，现代心理学不足以解决现代人的心理问题，那现代心理学是否愿意解决现代人的心理问题呢？

估计这次各位不会觉得太简单，只会觉得太荒谬，因为这句话有些词不达意：心理学之所以存在，不就是为了解决心理问题吗？反面的情况，就类似"飞行员拒绝飞行""教师拒绝教书""厨师拒绝做菜"那般奇怪。不瞒你说，你觉得怪，我也觉得怪，所以假如这种情况真的发生，我们才难免困惑。

不过口说无凭，我们还是要观察。对第二个问题的回答，理应源于对现代心理学现状的观察。同样，为公平起见，我会列出本书的结论、心理学家的应答，以及我对应答的应答。应答到最后，各位会发现：问题并非想象中那么荒谬。也同样提醒各位，本章的观点如显偏颇，仅仅为了先指出另一个问题可能存在。

在观察现代心理学之前，我想先介绍一下心理学的由来，尤其"心理学"的本来含义。

* 古代心理学

首先是文字上的由来：何谓心？何谓理？

在中文中，"心"即心灵，包括感觉、观念、推理、信念等，即精神世界的一切。"理"即道理。加起来，心理学就是关于心灵道理的学说。

在英文中，"心理"一词是 Psychology，这个词翻译得十分贴切：前一半 Psycho 意思是精神，后一半 Logy 意思是原理，加起来，心理学就是关于精神原理的学说。

对比东、西方的定义，精神等于心灵，原理近似道理，可以说，对心理学的理解大体一致。

如果说稍有差异，那就在道理与原理之间。记得易中天先生分析过中、西方的"理"，[2-1]在此借鉴下：首先西方的原理是中性的，而东方的道理，中性之中带有选择，比如我们说一个人"有理""讲理"，仅指正确的道理，不指谬误的道理。其次西方的原理是思辨的，而我们东方的道理，思辨之中带有实用，看看伏羲结网、神农百草、鲁班造车就知道，我们祖先求知，为的是行动。

既然东方的心理涵盖了西方的心理，那我们就采用前者——**心灵的道理。这是心理学的第一点本来含义。**

其次是历史上的由来：心理学从何时开始？

估计从"人成为人"的那一天开始。何以见得？考古学家在四万年前智人留下的洞穴和墓葬中，挖掘出大量自然崇拜、动物崇拜、祖先崇拜的遗迹。与此相符的是，我们在今天的原始部落中，仍能看到这三种形式。你会问：这与心理学有何关系？

关系很简单：原始崇拜就是最早的心理学。英国学者麦克斯·缪勒最早提出以上三种形式都基于相似的假设——万物有灵。[2-2]想想看，自然有灵、动物有灵、祖先有灵，当我们的祖先在冥冥中向神灵顶礼膜拜时，必然带有情绪、判断、意志——不是心理学是什么呢？

显然，从最早的源头开始，心理学就带有实用的特征：**心理学是应该解决心理问题的。这是心理学的第二点本来含义。**

虽然这么说，但你难免问：如此原始的心理学能有用吗？我想能。逻辑很简单：我们祖先过着朝不保夕的生活，是容不下任何无用的东西的。假如这种最原始的心理学不能解决问题的话，我们就不会在世界的各个角落——非洲，欧洲，亚洲，南、北美洲——都挖掘出那么多原始崇拜的遗迹。

顺带讲下，各位去世界各地的博物馆走走，就会发现一个奇怪的现象：虽然各国都宣称自己的祖先独一无二，恨不得从脚下的石头缝里蹦出才好，但各国出土的原始艺术却出奇地相似。为什么呢？前者符合爱国主义的主旨，后者才更符合人类祖先的共同心理。

进入农业文明后，原始崇拜逐渐消失了。再到城市文明，巫术、神话减少了。直至文字出现，心理学才算正式开始。（之前即使存在，我们也只能猜测其含义。）

在早期心理学中，"心灵的道理"表现为三种更精致的形式：宗教、道德、哲学。这时世界各地的文化发生了明显的分化，在欧亚大陆上三种主要文明各有侧重：印度偏宗教，中国偏道德，而欧洲则出现过哲学、道德、宗教分别占统治地位的时期。

代表早期心理学高峰的是古希腊文明，西方心理学家以此为心理学的起点是有理由的：虽然各种文明都记载过"心灵的道理"，可最具体、最系统、最多样的记载来自古希腊。其中比较有代表性的学说有：

——德谟克利特提出了"射流说"：物体的光流射入眼睛中形成视觉。这是最早的感觉到知觉的学说。

——柏拉图提出了最早的"二元论"：世界可分为理念世界和现实世界，前者是不朽的，后者只是前者的临摹。

——亚里士多德提出了"一元论"：理念和现实无法分离，我们的一切知识只能来自感觉经验。

此外，希腊哲学还提供了轮回说、犬儒学说、苦行说、末世说、怀疑主义、享乐主义等多种学说。

该如何称呼这一时期的心理学？

按时间划分，当然可以称之为古代心理学，这里的古代指的是历史学家定义的、近代之前的那个古代。

心理学家艾宾浩斯有句名言——"心理学有漫长的过去和短暂的历史"，可谓言简意赅。"漫长过去"从心理的含义出现于文字算起，跨越几千年的时间，这够漫长了吧？"短暂历史"从心理学作为独立学科算起，才不过一百多年的时间，这够短暂了吧？

按内容划分，我们也不妨称之为广义心理学。这里的广义，指的是**"心灵的道理"长期孕育于宗教、哲学、道德之中，这是心理学的第三点本来含义。**

追根溯源，我们把心理学的本来含义总结为"实用的、广义的、心灵的道理"，到本书第一部分结束时，请各位对比下其与现代含义的不同。

一个令人思考的问题是：在长达两千多年的时间里，心理学都未单独出现，这是好是坏？现今的心理学新人往往莫名其妙地感慨："心理学被耽误了这么久……"恨不得现代心理学的开拓者冯特早生两千年似的。可事实并非如此。

仅仅哲学，仅仅古希腊哲学，就为心理学预留了宝贵的财富：原始的模型、思辨的方法、批判的精神。假设没有如此多元的基础，我们很难想象近代心理学的复兴，更难想象现代心理学的诞生。因此有一种通俗的说法——"哲学是心理学的父亲"，此话不假。这位父亲两千多年后晚年得子——现代心理学。

＊现代心理学

关于现代心理学的历史，我们会在后两章中介绍，这里先开个头，讲下定义和分类。

如何定义现代心理学？

让我们看看几位现代心理学大师怎么说。

心理学大师冯特说：对意识进行准确描述是实验心理学的唯一目标。[2-3]

心理学大师华生说：心理学的目标是行为的预测与控制。[2-4]

注意两个关键词：意识与行为。

关键归关键，这两个词却未必同时出现。至于你看到意识还是行为，首先取决于你遇到哪一位心理学家——他（她）们中有偏意识的，有偏行为的，有兼顾两者的，分属不同的阵营。其次也取决于你读到哪一本书——以我的经验看，大师的论著往往立场鲜明，而教科书则立场不明。站在编写者的角度，我们很容易理解教科书的难处：说心理是意识吧，会得罪一派人；说心理是行为吧，又得罪另一派人。怎么办呢？还是做"中间派"吧。

虽然不确定"中间派"能否接纳我，但出于同样的顾虑，本书也立场不明地定义：**现代心理学是意识与行为的科学。**

讲完了定义，再讲下分类。

最简单的分类，是把现代心理学划分为两大阵营：行为类与意识类。我理解，各位难免对这两个词感到陌生，尽管这是作者希望避免的情况，但在现代心理学中，实在绕不过去这两个词——**行为类和意识类，都曾各占现代心理学的半壁江山！**

即使今天的心理学家们纷纷更换了标签，但观察其思维方式仍然不外乎两种：或从物质入手，或从精神入手。因此上述分类仍然有效。至于为何本书采用看似传统而非看似时髦的分类，原因很快会讲到。

有的朋友会问：假如遇到某种心理学既讲物质，又讲精神，该划入哪一类呢？答案是"意识类"。即但凡讲一点意识的，都应归入"意识类"；只有完全不讲意识的，才被归入"行为类"。

结合前面对心理学理论与心理治疗的划分，我们明确现代心理学的两大阵营为：

第一类：行为类心理学和心理治疗（广义上，从物质入手）；

第二类：意识类心理学和心理治疗（广义上，从精神入手）。

再进一步细分，"行为类"方向较少，最主要的只有一种：行为心理学和行为疗法。而"意识类"则方向众多，最主要的有三种：弗洛伊德的心理学和精神分析疗法、人本心理学和人本疗法、认知心理学和认知疗法。从下一章开始，我们将介绍这四种主要流派：

第一种：行为心理学和行为疗法

第二种：弗洛伊德心理学和精神分析疗法

第三种：人本心理学和人本疗法

第四种：认知心理学和认知疗法

难道现代心理学只有这些内容吗？当然不止。以上分类仅仅是本书为讲解方便而做的简化。简化的好处是，在最短时间内让各位了解现代心理学和心理治疗。而简化的坏处是也让各位误解：从四个主要流派来看，现代心理治疗不是既中心、又主要吗？

事实恰恰相反。

*一盘散沙与一粒小沙

先说"非中心"的问题。

随便翻开一本心理学教科书，各位光想看懂目录，就要花费超常的时间。因为实在搞不懂编排的逻辑。这还不是某个编者的问题，而是心理学教材几乎本本如此。以摆在我面前的十几本为例吧，其中一本显示为：1）心理、行为和心理科学；2）生物心理学和神经心理学的基础；3）意识状态；4）心理发展；5）感觉和知觉；6）学习；7）记忆；8）思维和智能；9）情绪和激励；10）压力、健康和幸福；11）人格；12）

心理障碍；13）心理障碍的治疗；14）社会心理学。[2-5]其中贯穿着怎样的主线？都是主线，或者说没有主线！

再打开美国心理学会的网站，各位会发现五十四个心理学分会，[2-6]对应着五十四种官方认可的现代心理学。按说"54"这个数字已经足以吓倒数学界、物理界、化学界的同行们，可每隔几年又会有新的心理学分会成立，宣称进一步完善了现代心理学的分类。其中哪个是重点？都是重点，或者说没有重点！

既没主线也没重点，现代心理学就如一盘散沙。

虽说事实不可否认，可实在与现代心理学在各位心中的美好形象不符。因此如有疑问，也属正常。

你会问：本书对现代心理学的分类，不可以作为四条主线、四个重点吗？必须肯定，你的眼光真棒！确实，本书的版本对心理学有利，官方的版本对心理学不利。不过前者不算数，后者才算数：对前面四个主要流派的划分，估计五十个心理学分支会说我全都选错，剩下的四个心理学分支会说我选错了三个！

你还会问：心理学家们如此聪明，怎么会没人出来扭转局面呢？有过，只是从未成功过。原因很简单：每一现代心理学的分支都拒绝自己被整合，因此大声反对："你们不理解我们的专业性质！LEAVE US ALONE！"看看，像美国心理学会这种权威组织也不敢贸然行事，只好每次把全部分会一一列出，至于怎么再分类，各位自己看着办吧。

更多心理学家选择了接受现实，他们会向各位解释说，最新的现代心理学可以从五十四个分支简化为十大块，甚至五大块，如神经心理学、发展心理学、认知心理学、社会心理学、临床心理学——尽管仍然没中心、没重点；他们还会解释说，现代心理学进入了更精细的阶段，无须再讨论方向——尽管作者并不认同。

看来所谓"非中心"，不是说另有中心，而是在这盘散沙中，任何沙子都无法自称中心！更何况，心理治疗作为心理学理论的延伸，位置就更边缘，如果说心理学理论界还在争论"谁更中心"，那心理治疗界就根本在争论之外！结论是：**心理治疗在现代心理学中的位置，绝非中心。**

再说"非主要"的问题。

这与前面是两个不同的问题："中心"有关位置，"主要"有关比例。如果不回答这个问题的话，就会有人问：虽说每粒沙子都不在中心，但会不会某一粒沙子体积最大呢？

我可以告诉各位：即便有这样一粒沙子，也轮不到心理治疗。

因为现代心理学总共包括四大部分：研究、理论、应用、治疗。

在前面提到心理学理论时，我们忽略了与理论关系密切的心理学研究。事实上，研究是整个现代心理学体系中最主要的部分，却被我们合并进了理论，为什么呢？第一，我们的目的在于解决心理问题，因此离理论近，离研究远；第二，有的学派有研究，有的学派没研究，可共同的是大家都有理论。因此我们把理论与研究统称为"某某心理学理论"或"某某心理学"。

另外，前面提到心理治疗时，我们也忽略了同为"应用"的其他应用。所谓应用心理学，就是心理学与各行各业的交叉领域。如商业心理学，就是把心理研究的成果和心理治疗的方法应用于商业；又如军事心理学、竞赛心理学、教育心理学、法庭心理学、工业心理学等都以此类推。心理治疗也属于心理学应用，却被我们单列，为什么呢？第一，因心理治疗与我们主题相关；第二，因为其他应用与我们主题无关。

我无意贬低心理学研究和心理学应用的价值，可研究、理论、应用、治疗本来已经很分散，再加上研究之多、应用之多，无异于让现代心理学更无主线，更无重点！于是，心理治疗又如一粒小沙！

结论是：**心理治疗在现代心理学中的比例，绝非主要。**

出乎预料，对我们如此重要的心理治疗，怎么落到一盘散沙中的一粒小沙的地步了呢？似乎，现代心理学并不以此为优先。

由此我产生第二点困惑：**现代心理学不愿意解决现代人的心理问题。**

*"心理学不解决心理问题"的理由

好，又到辩论的时间了。让我们看看心理学家如何回应我的困惑。

别担心，只要翻翻心理学家的著作，各位就会发现里面也有标准答案。答案不否认我所描述的事实，只在为事实辩护。

（正方）理由一：病人只是少数，健康人是多数。[2-7]这暗示着：心理治疗并非心理学的主流方向。

（正方）理由二：心理问题的根源在于社会。[2-8]这暗示着：心理治疗要以改造社会为前提。

诸位别小看以上两条。首先，它们不是作者臆想出来的，而是心理学大师们一本正经的学术研究！其次，凭借这两大理由，心理学家们把责任推得一干二净，再次演绎了"完美解脱"！

举个例子吧，某天原本健康的你难得生病，难得住院治疗，这时你的医生却耸耸肩说："第一，治病不是我的主要工作；第二，治病要先改造医院。"你会作何感想呢？

这样才好理解我们辩论的初衷——不是为辩论而辩论，而是因为——**不打掉"心理学不解决心理问题的两大借口"，它就永远理直气壮！**

对心理学家的回应，我们如何再回应呢？

（反方）打掉第一个借口的理由很简单：

上一章我们已经论述，心理问题是现代人类面对的共同危机，而心理学的根源都在于人类，既然如此，现代心理学不应该以解决心理问题为使命吗？即使不是全部使命，也应该是主要使命吧。

反之，如果说"心理治疗并非心理学的主流方向"，确实就像"飞行员不开飞机但开汽车""教师不教书但搞行政""厨师不做菜但会弹琴"般荒谬，错在哪里呢？其实开汽车、搞行政、会弹琴都没错，但都是副业，不能取代主业！

结论是：**心理治疗是现代心理学的主业**，恰似在前面的例子中，治病是医生的责任。

（反方）打掉第二个借口的理由有点长，因为指责社会问题没错，可正因为它没错，所以更误导，更要打掉！有三点理由：

第一，人们对现代社会的指责，往往与科技进步的副作用有关，在我看来，这对科技很不公平。想想看，我们一方面享受着医药、汽车、家电等现代科技的成果，另一方面又抱怨环境污染了、城市拥挤了、人变成物质的奴隶。其实污染环境的是我们自己，让城市拥挤的是我们自己，把人变成物质的奴隶的还是我们自己！

第二，人们对现代社会的批判，还忽略了社会飞速发展的事实，只要回头看看几十年前的社会批判，我们就会发现它们大都过时。比如政治学批评家马尔库塞曾经写过一本叫《单向度的人》的书，[2-9]轰动一时，该书批判大规模制造剥夺了人的创造力。可几十年过去了，社会正朝完全相反的方向发展：服务业、互联网、3D打印都鼓励着"多向度的人"。

第三，指责社会完全无益于解决问题。我们面对心理问题时，就把社会当成不得不接受的现实吧。

结论是：**心理治疗无须以改造社会为前提**，恰似在前面例子中，治病无须先改造医院。

打掉心理学不解决心理问题的借口容易，可打掉心理学不解决心理问题的态度不容易。如何避免越优秀的医生越会找理由呢？没有办法，我只能说：医生即使有推卸责任的能力，也不应有推卸责任的态度！

不过这种态度恰恰证明，我的第二点困惑仍然成立。

* 为时尚早的结论

批评了心理学家的态度，自己的态度呢？

没错，我在批评别人的同时，并没忘记表扬自己。坦然地讲，第一，本书的目标，与心理学家的长远目标高度一致，不是为了辩论，而是为了改进；第二，本书的精神，也与心理学的批判精神高度一致，我爱心理，所以批评现代心理学。

怀着共同的目标与共同的精神，让我们回顾至今为止的两点结论：

第一，现代心理学不足以解决现代人的心理问题——这本应是它义不容辞的能力。

第二，现代心理学不愿意解决现代人的心理问题——这本应是它义不容辞的责任。

那么，本书能否就此结束，对现代心理学说"不够"呢？

恐怕为时尚早。

按照"前因后果"的顺序，我们才只讲了后果，还没讲前因。如果到此为止的话：

一是尚未分析原因。众所周知，现代心理学是高质量的科学，现代心理学家是高智商的科学家，各位难免怀疑：上述情况怎么发生的呢？

二是尚无解决办法。我们知道，"光破不立"容易，"有破有立"很难。虽说批判也是种哲学精神，各位难免质疑：你有何建议呢？

因此，出于对现代心理学的敬意，更出于对科学的敬意，我们决不能轻易说"不够"。**至于什么时候才能放心说"不够"，本书自设两个前提：一要找到原因，二要找到办法——都只能从"前因"中找起。**

于是下面五章的任务就明确了：一要回顾现代心理学走过的历程，

二要介绍现代心理学四个主要流派，目的是得出第八、九章的判断。任务如此艰巨，各位不免担心作者能否完成："别人写心理学都写厚厚一本，你写薄薄五章能行吗？"请放心，本书并非一本心理学教材，我们仅仅希望从其历史的精华中找出思想的精华，以便了解心理学能做什么、不能做什么、是否需要补充、需要怎样的补充，而这项选择"精华中精华"的任务，正是作者最荣幸且最擅长的事！

3. 理性的冲击，上帝死了

——心理学发生了第一次重大转向

回到前面讲的广义心理学，它在希腊时代之后沉寂了很久。原因是进入中世纪后，基督教就占据了欧洲的正统地位。当然基督教也算心理学，只不过这种心理学除了上帝和《圣经》之外，实在没有太多内容可讲。情况直到欧洲进入近代之后才改变，因为那时，哲学的思维又重新抬头。

* 笛卡尔的怀疑

1619 年的一天，一位年轻人将自己关进了热烘烘的"火炉"——后人猜测那是个带壁炉的小房间——待了整整一天。他之所以要这么做，不仅为了避寒，而且为了思考。可以想象，面对四周的壁炉，这位思考中的年轻人产生了幻觉……

他开始怀疑世界：世界一定为真吗？答案是未必，因为在"火炉"里的他不确定外面世界的样子，甚至也不确定外面的世界是否仍然存在。

他接着怀疑火炉：火炉内就一定为真吗？答案是未必，虽然看得到周围的一切，但自己可能在做梦。要知道，做梦的时候，我们感觉也很真切。

他甚至怀疑自己：身体一定为真吗？答案还是未必，因为自己仍然可能在做梦。

怀疑来怀疑去，好像只剩下怀疑。也就是说，思考可以怀疑外在的对象和内在的对象，却无法怀疑思考本身。于是他得出一个可以为真的起点——"我思"，"我思"需要一个主体——"我在"，结论是"我思故我在"。这位年轻人从"火炉"中爬出来后，宣称自己解决了人类理性的难题。大家想必已经知道，这位爱思考——或者说爱怀疑——的年轻人，名叫让内·笛卡尔。

各位在中学学解析几何的时候，听说过作为数学家的笛卡尔。事实上，笛卡尔还被公认为近代哲学及近代心理学的开创者。你一定好奇：仅凭"火炉中的怀疑"，笛卡尔就赢得如此之高的荣誉吗？

基本如此。

先看看为什么说笛卡尔开创了近代哲学。

要知道，哲学的原意是爱智慧。如何爱智慧呢？智慧开始于理性，而理性开始于怀疑。对现代人来讲，前者显得积极，后者显得负面，事实上两者密不可分。尽管理性不仅包括怀疑，还包括探索，可如果没有提出问题的怀疑，哪来回答问题的探索呢？

因此，一部哲学史就是一部怀疑史。古希腊先哲苏格拉底首创了"苏格拉底式的反问法"，即不停地反问对方，问到对方怀疑自己为止。如果你也以其人之道还治其人之身，反问苏格拉底呢？他会说："我什么都不知道。"

自苏格拉底以后，哲学、理性、怀疑几乎变成了同义词。他的学生柏拉图和亚里士多德都继承了怀疑的传统。柏拉图强调：感觉值得怀疑。且不说梦中的感觉，即使不在梦中，所看到的、听到的、闻到的、嗅到的、触摸到的就可靠吗？比如同样一种天气下，我觉得热，你觉得冷，温度相同，感觉不同。再比如我们看到海市蜃楼，以为真实存在，实为视觉假象。亚里士多德则补充了另一种怀疑："吾爱吾师，吾更爱真理。"潜台词是：老师不等于真理，同样值得被怀疑。

在希腊时代以后，怀疑的传统中断了一千多年之久。在教会统治下，怀疑是被禁止的：上帝安排一切，《圣经》就是指南，谁需要怀疑？谁敢怀疑？否则就会被视为异端。嫌疑最大的非哲学莫属。因此哲学在中世纪前期被压制，到后期也只能作为"神学的婢女"。

笛卡尔是如何改变这种状况的呢？

——怀疑。

但他并非重新拾起"希腊式的怀疑"。

首先，笛卡尔怀疑得很有道理，以至于逻辑严密，这与希腊式的简单提问不同。可以想象，如果教会要禁止苏格拉底式的怀疑，那靠一纸禁令就够了。但如何禁止笛卡尔的怀疑呢？它建立在人类基本理性的基础上，要禁止它，就要彻底禁止人类思考。这无法实现，甚至有违上帝的意愿。

其次，笛卡尔怀疑一切，也称为普遍怀疑，这又与希腊式的针对某事不同。可以想象，像苏格拉底那样的提问危害有限，而笛卡尔的怀疑则危害很大。笛卡尔为自己设定的原则是："我绝不接受我不确定的东西为真。"这话乍听起来跟没说一样，但细想一下，符合条件的事物少而又少：不仅物质、感觉不行，君王、权威不行，人类的大部分知识、道德也不行，甚至威胁到了神圣的上帝。

可恨的是，你禁止不了它，又驳不倒它！

经过笛卡尔一点火，哲学的思维就重新燃烧了起来。

*我思故我在

再看看为什么说笛卡尔开创了近代心理学。

要知道，笛卡尔心理学理论众多，其中最重要的两点：一是我思故我在，二是身心二元论。笛卡尔是如何得出这些理论的呢？

——还是怀疑。

先说"我思故我在"，这是笛卡尔在火炉体验后得出的第一个结论。对心理学的意义在于，**它开始了一种思维方式——理性的方式**。理性到最后，连这句话本身也值得怀疑，后来的哲学家们挑出来"我思故我在"的不少毛病，康德、罗素质疑它语法有问题，休谟、海德格尔质疑它语义有问题。但瑕不掩瑜，在笛卡尔时代它已足够理性。

更大的意义在于，**它开始了一种研究方法——内省法**。什么叫内省法？这也是心理学中绕不过去的词，意思是向内审视自己的意识。其中向内审视是内省的动作，包括怀疑、反思、觉知等。而自己的意识是内省的对象，包括感觉、思维、情绪等。笛卡尔这么一内省，就发现"认识从何而来"很成问题，于是引出了近代心理学的不同流派。

* 身心二元论

除了"我思故我在"，笛卡尔提出的另一个重要的心理学理论是"身心二元论"。这话乍听起来也跟没说一样：谁不知道身体是身体、心灵是心灵呢？

其实不那么简单。

我们要理解什么是"身心二元论"，就要先理解什么是"身心一元论"。主要有两种一元论：

一种是唯心论。以宗教的灵魂不朽为代表，认为精神是永恒的，因此物质从属于精神，物质规律服从精神规律，是为"精神一元论"。

另一种是唯物论。以近代科学为代表，认为物质是永恒的，因此精神从属于物质，精神规律服从物质规律，是为"身体一元论"。

请注意这里话中有话：

"身心一元论"并非"身心一样"，那样的话还值得反驳吗？相反，它说的是：身与心，一种从属于另一种。

同样，"身心二元论"并非"身心两样"，那样的话还需要证明吗？相反，它说的是：身与心，互不从属！

不仅从内容上看不简单，从结果上看也不简单：无论在笛卡尔之前，还是在笛卡尔之后，占思想界主流的都是一元论，并非二元论。这意味着无论从古人的角度看，还是从后人的角度看，笛卡尔的"身心二元论"都非常另类！当然，以笛卡尔的高智商，我们相信他一定另类得有理由。

笛卡尔也未重启希腊式的"二元论"。柏拉图虽然曾经提出过"二元论"的理论，却从未提供过依据。而笛卡尔提供了依据，他通过"火炉实验"判断：

第一，心灵和身体表现出不同的性质。心灵是无形且无法怀疑的；而身体是有形且可以怀疑的。既然性质完全不同，那谁也不能从属谁。

第二，心灵与身体也遵循不同规律。身体遵循自然规律，像机器般不自由；心灵遵循自由意志，是完全自由的。既然规律完全矛盾，那谁也不能服从谁。

重要的是，以上依据并非来自猜想，而是来自体验。猜想可以反驳，体验如何反驳？只能解释。唯一的解释是：既承认身体的性质，也承认心灵的性质；既分开身体的规律，也分开心灵的规律。

这就是笛卡尔提出"身心二元论"来取代"身心一元论"的理由。

理由看似充分，实际矛盾！问题在于：根据"身心二元论"，身心如何工作呢？

我们先看看笛卡尔的说法。

——笛卡尔解释了身体：身体像机器一样，是有形而不自由的。他曾经写过一本名为《动物是机器》的书，指出一切动物的身体都是机器，包括人的身体在内。

——笛卡尔解释了心灵：心灵来自上帝，是无形而自由的。他只同意身体是机器，不同意人是机器，因为人除了身体，还有心灵。

——甚至，笛卡尔解释了身心驱动的机制：受到皇家花园中液压原理的启发，他想象人的"神经压力"从头顶传向四肢，从而驱动四肢。

——甚至，笛卡尔解释了身心连接的地方："神经压力"的源头在松果体，那里存在着身心连接的神秘机制。

笛卡尔的"身心二元论"好像能自圆其说：心灵到松果体，松果体到神经，神经到身体，身心不是在工作吗？

问题出在最后一个环节——松果体的机制不明：如何解释无形的精神化为有形的物质呢？又如何解释两者互动得如此完美呢？打个比方吧，我命令自己举手，按说这违反了自然规律，手本应沿重力方向下垂才对，却被精神驱动向上了。没有时间差，没有空间差，百试百灵！如何解释？

笛卡尔很难解释，只好请出了上帝：松果体中的神秘机制来自上帝，是上帝化无形为有形，是上帝让我们的身心完美互动。这种解释等于没解释！因为靠上帝才行，那还能算解释吗？

"身心二元论"的另一个问题是，与笛卡尔自己的原则矛盾。

如果我们坚持普遍怀疑原则的话，那么身体值得怀疑，思维不容怀疑，因此应该坚持以心灵为起点的"心灵一元论"才对吧？

笛卡尔又一次很难解释，只好又一次请出上帝，做了更离奇的论证。可以理解的是：作为科学家，他不希望否认物质；作为哲学家，他不希望否认精神；作为信徒，他不希望否认上帝——而这一切，根据他自己的原则，都值得怀疑！

我们甚至可以说："身心二元论"完全经不起推敲。

说来奇怪，"经不起推敲"正是"身心二元论"的独特魅力。

首先，它为心理学提供了一种独特的思路。现今的思路是用科学的法则解释生命，而古代的思路是用上帝的法则解释生命。唯有"身心二元论"用一种生命包容两种法则，虽说不常见，但谁能说不是另辟蹊径呢？

其次，它为心理学提供了一个争论的模型。争论的焦点在于我们如何才能认识世界。由此引发一些讨论：什么是知识的来源？什么是真理和真相？自己的感觉是否真实？自己的知觉是否真实？别人感觉与知觉是否真实，甚至是否存在？……更不用提身心如何互动。与其说笛卡尔提出了"身心二元论"，不如说他揭示了身心的矛盾，大家都觉得矛盾，但至今仍无法抛弃。

更重要的是，它很可能最接近真相。事实是：身体存在，心灵也存在；身体有身体的规律，心灵有心灵的规律。虽然我们无法回答"身心如何互动"的问题，但无法回答不表示这不是真相。

在我看来，"身心二元论"是理性天才留下的非理性悖论：身心两种性质、身心两种规律，本来应该矛盾，笛卡尔却让它们在一个生命体内共存无碍，这是什么道理呢？毫无道理。我只能说：**或者上帝本来就不可思议，或者生命本来就不可思议！**

以上是笛卡尔被称为近代哲学和近代心理学开创者的原因——显然他当之无愧！

* 宗教的分离

从更广阔的背景来看，笛卡尔的怀疑，只不过顺应了时代的呼声。

那是一个怎样的时代？

按照西方历史学家们的惯例，欧洲近代史从公元 1500 年左右以地理大发现为标志开始，到 19 世纪晚期以工业革命为标志结束。在中国，这大致对应着明、清两朝，按说明、清不算中国历史上最差的王朝，可历史要对比着看才有意义。当我们还陶醉于某某盛世之际，欧洲却发生着一系列影响深远的变革。

简单地描述这些变革就是：15、16 世纪的文艺复兴和大海航行，17 世纪的科学革命和宗教改革，18 世纪的启蒙运动和工业革命。到 19 世纪工业革命完成时，欧洲已经占领了除中国之外的世界大部分地区。

随着这些目不暇接的变革，欧洲人的物质生活在改变，欧洲人的精神世界也在改变：

人类对宇宙的看法不同了：过去人们认为地球是宇宙的中心，哥白尼和伽利略让人们认识到宇宙之大远远超出想象——地球不是太阳系的中心，太阳不是银河系的中心，银河也不是宇宙的中心。

人类对世界的看法不同了：过去人们认为人类局限于欧亚大陆，哥伦布和库克让人们认识到还有新大陆和澳大利亚。

人类对自然的看法不同了：过去人们认为万物都是已经被造好的，达尔文让人们认识到我们仍在不断进化之中。

人类对社会的看法不同了：过去人们认为君权神授，洛克、卢梭、伏尔泰却纷纷宣传主权在民。

人类对自己的看法不同了：过去人们认为自己很渺小，而科学技术让人们认为自己可以改变一切。

历史学家房龙写道："很多人虽然没有说出来，但心里的想法却发生着变化。"

——对原有信念的怀疑。

所以说，笛卡尔的怀疑虽然只是历史潮流中的一环，却有火上浇油的功效——它为所有怀疑提供了理性的依据。当人们的怀疑不仅被事实印证，而且变得有理有据的时候，就演变为一种理性主义的思潮。

一边是理性的冲击，一边是宗教的溃败。

欧洲有漫长的宗教历史，宗教势力原本无比强大。这是由于基督教在罗马帝国后期变成国教，成为思想上的正统。而罗马帝国消失后，中世纪的基督教更控制了欧洲的大量资源：所有人进天堂的钥匙、大量的土地和税收、欧洲最优秀的人才、欧洲封建领主的合法性等。既控制了思想又控制了资源，基督教就"统一并统治"了欧洲长达一千多年之久。如此牢固的地位，如何会动摇呢？

基督教之所以能控制上述资源，原因在于教会。与其他任何宗教相比，基督教教会可谓组织最严密，管理最高效。可到 16 世纪，教会发生了变化。简而言之，由于马丁·路德的宗教改革——实际是对罗马教廷造反——基督教分裂为新教和旧教。新教以北欧洲为中心，旧教即天主教以罗马为中心，再加上以俄罗斯为中心的东正教，原本铁板一块的基督教世界，现在一分为三。

分裂的后果很严重。教会逐渐失去了原有的资产，更糟糕的是失去了人们的信心。新教攻击天主教，天主教攻击新教，两者都攻击东正教，却让老百姓看到了所有教会的弱点。

内部基础的动摇加上外部理性的冲击，都让基督教大不如前。可在很长一段时间内，上帝的地位仍无法置疑，因此理性与宗教的拉锯战仍持续了几个世纪。直到 19 世纪末，哲学家弗里德里希·尼采一锤定音，他宣布："上帝死了。"

这句口号固然有名，但其情感色彩远大于实质内容，因为尼采不过宣布了几个世纪中逐步发生的事实而已。更有意义的是尼采的下句口号——"重估一切价值"。[3-1]即包括信仰、道德、真理、哲学、科学在内都要重估——价值成其为价值，要先经得起检验。靠谁检验呢？上帝不在了，人类自己还在！

理性获得了新生。

* 哲学中的心理学

宗教的心理学死了，理性的心理学活了。

从笛卡尔开始，与心理有关的话题就集中到一点：我们该如何认识世界？

这与希腊哲学家们关心的问题——什么是世界的本原？——很不同，以至于在哲学史上被称为从存在论到认识论的转向。转向的原因不难理解：如笛卡尔怀疑的那样，我们的认识即知识的来源都不可靠，知识本身又从何谈起？

深究我们头脑中的认识从何而来，就会发现三种可能：一、心灵；二、感觉；三、物质。举个例子吧，各位知道火炉是热的，可各位怎么知道的呢？

一种说法是：我天生就知道火炉发热，所谓"火炉"和"热"都是心灵的衍生物。这就是可能一，认识源于心灵。

另一种说法是：我被烫过或被烫着，所谓"我"和"火炉"都是感觉的衍生物。这就是可能二，认识源于感觉。

再一种说法是：火炉本来就是烫的，所谓"我"和"热"都是物质的衍生物。 这就是可能三，认识源于物质。

上述三种说法都不排他，都可能是认识的辅助来源，但问题是：哪种最可靠？哪种是根源？

这一问就各说各有理了，结果演变出当时三种主要的心理学理论。各位不妨这样理解：认识来源的三种可能如果排成一条直线——心灵在内、感觉在中间、物质在外——正好对应心理学的三个立足点。

"心理"的来源：心灵——感觉——物质。

第一种是唯理论——立足于心灵。

笛卡尔虽然提出了"身心二元论",可他又以"我思故我在"为依据,在身心之间更倾向于"心"。他把认识的来源归于"天赋观念",就是那些天生清楚的、不证自明的观念。比如,上帝与我就属于这种观念。再如,几何与数学的基本概念也符合要求,笛卡尔说,即使在梦中,自己也知道三角形还是三角形,一加一还是等于二。又如,矛盾律、同一律、接近律等基本逻辑也天生清楚,不证自明。自笛卡尔以降,欧洲大陆的哲学家斯宾诺莎、莱布尼茨都以"天赋观念"为认识的起点,这一学派被称为哲学上的"唯理论"。

"天赋观念"是如何衍生出思想的呢?唯理论认为还有一种天生的能力推动着心理过程:天赋观念受到外部感觉的刺激,形成了初级观念;初级观念再经过逻辑推演,形成了我们的知识。显然,唯理论并不否认物质与感觉的存在,只不过认为它们是辅助因素,不如天赋观念那样可靠罢了。

要说唯理论有什么问题,那就是:如果质疑"天赋观念"从何而来,恐怕只能归功于上帝——这当然算不上彻底理性,因此对心理学的后续发展作用不大。

第二种是经验论——立足于感觉。

与唯理论学派隔海相望的,是以洛克、贝克莱、休谟为代表的英国学者,在身心之间,他们既不偏身,也不偏心,而强调身心之间的感觉。这一学派继承亚里士多德提出的"一切知识来源于感觉经验"的说法,将之系统化为理论,在哲学上被称为"经验论"。

关于认识的来源,经验论与唯理论针锋相对,否认"天赋观念"的存在。洛克形容"心灵是一块白板",这块白板上原本没有内容,后天的内容完全源于感觉经验。

经验是如何形成思想的呢?经验论也认为有一种天生的能力推动着心理过程:从感觉经验出发,形成了简单观念,简单观念经过逻辑组合形成了复杂观念，以此类推，形成了更复杂的观念，即我们的知识。显然，经验论也承认物质的存在和人有一些天生的东西，只不过认为感觉经验最可靠罢了。

要问这种天生的能力从何而来，经验论会解释说它就是人类大脑主动联想的能力（可以但无须解释为上帝）。打个比方吧，大脑能像堆积木那样，把感觉与简单观念组合为知识，既主动又自动，这就是联想。洛克表述了三种联想方式：接近、比较、抽象。休谟修改为：接近、比较、因果关系。因此哲学上的经验论，在心理学中也被称为"联想心理学"。

第三种是唯物论——立足于物质。

说实话，当时没有人把唯物论当成心理学。首先，它否认心灵的独立性，让人难以想到"心理"二字；其次，它对宗教人士而言，侵犯了上帝的权威；最后，它对理性人士而言，又经不起"我思故我在"的推敲。

不过后来的发展证明，唯物论确实与心理学有关。先是笛卡尔写过一本书，叫《动物是机器》，因此笛卡尔又奇迹般地被唯物论者奉为鼻祖；之后法国哲学家拉美特利写了另一本书，叫《人是机器》；再往后，人的机械模型被改为了神经模型，唯物论就沿着神经生物学的方向延续了下来。

在身心之间，这一学派倾向于"身"，即从纯物质的角度解释一切。物质是如何衍生出思想的呢？神经生物学认为，外部世界刺激了身体，身体的神经做出反应，中间发生了某种名为"意识"的机制。显然，唯物论承认感觉和心灵的存在，只不过认为它们是物质的衍生物罢了。

别小看唯物论，最终它将以最科学的身份一统天下。

总结这一时期的心理学，我们称其以理性为特征是有原因的。

从性质上讲，怀疑取代了盲从。唯理论、经验论、唯物论都在延续笛卡尔的怀疑，只不过怀疑的对象不同罢了——唯理论怀疑物质与感觉，经验论怀疑物质与天赋观念，唯物论怀疑感觉与天赋观念。

从立足点上讲，人取代了上帝。唯理论、经验论、唯物论都立足于人，只不过位置不同罢了——唯理论立足于心灵，经验论立足于感觉，唯物论立足于物质。因此毫不奇怪，它们都与宗教为敌。

从方法上讲，内省取代了信仰。唯理论、经验论、唯物论都产生于哲学家的头脑，它们都依赖感觉与思考，即内省法。

结果，心理学的范围大大缩小了。回想下原始的心灵道理包罗万象：巫术、神话、宗教、哲学。进入城市文明后，巫术和神话大为减少了，心理学只剩下了宗教、道德、哲学。随着理性的冲击，宗教又分离了出去。心理学只剩下了道德和哲学。[3-2]

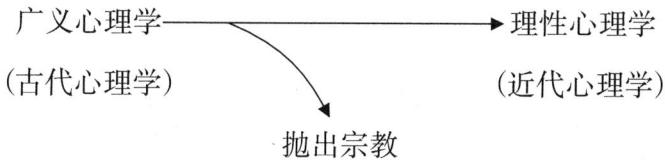

广义心理学 ———————————————→ 理性心理学

（古代心理学）　　　　　　　　　　（近代心理学）

抛出宗教

"广义心理学"进化为"理性的心理学"，可喜可贺。但革命才刚刚开始。

4. 科学的冲击，实验活了

——第二次重大转向暨现代心理学的诞生

继理性的冲击后，心理学迎来了一次更根本性的变革。

* 冯特的实验

1879 年，在德国莱比锡大学孔维特楼，一位表情严肃的教授组织了一次实验：

在房间的一侧，一位实验员让小球落地。同时在房间的另一侧，另一位实验员只要一听到小球的落地声，就立即按下按钮。仪器会自动记录落地与听觉之间的时间差。

主持这次实验的教授名叫威廉·冯特，被公认为是现代心理学的开创者。而冯特实验的所在地孔维特楼，被认为是世界上第一个心理学实验室， 今日已经成为全世界心理学家的朝圣之地。

我们又要问：凭什么要给冯特如此之高的荣誉呢？

通常的说法是"实验"。

今天冯特心理学的诸多内容都已过时，唯有他的"实验"仍熠熠生辉。只要各位去大学拜访，就会发现现代心理学家的主要工作仍是实验。

放到一百年后看，冯特的实验实在太不起眼——现在随便哪一所大学的研究生，实验都做得更复杂、更精确。可历史上具有划时代意义的，往往不是后来的更复杂、更精确， 而是最早的第一次。

确切地讲，冯特把自己的方法称为"内省加实验"，它真的是第一次吗？我们还是核实下为好。

首先，"内省"一词并不新鲜，从笛卡尔的火炉体验，到唯理论的天赋观念，到经验论的联想心理学，都是内省的结果。

其次，"实验"一词也不新鲜，在冯特之前，近代物理学、化学、生物学、医学已经进行了几百年的实验。

那"内省加实验"呢？之所以这么问，是因为有人说冯特之前的哲学家全凭个人判断内省，而冯特的不同在于以实验的形式对内省进行了测量。听起来有理，其实这也不新鲜。因为早在冯特之前，德国的神经生理学及"心理物理学"就已成气候：赫尔姆霍兹、韦伯、费希纳都测量过感觉，都发表过实验结果，也都一定有过类似冯特的实验室原型。

看来通常的说法不完全正确：内省也好，实验也好，内省加实验也好，都算不上第一次。那么冯特的功劳何在呢？

冯特的功劳不在于实验本身，而在于对实验的引申。从这个意义上讲，通常的说法（实验）也不完全错误。对比一下就会发现，冯特之前的生理学家，虽然成果早于冯特，可并没看出实验、心理学、科学有何必然的联系，而冯特虽然做的是类似的实验，却认为实验、心理学、科学之间有不可分割的联系。

首先，冯特把现代心理学与实验联系起来，引申出第一点：**现代心理学以实验为基础**。这"广而化之"了现代心理学的方法。

接着，他又把现代心理学与科学联系起来，引申出第二点：**因为以实验为基础，所以它是一门科学**。这"广而化之"了现代心理学的性质。

加起来，**冯特明确了现代心理学的定位：实验与科学**。这才是具有划时代意义的第一次！

*冯特的贡献

我知道读者未必听说过冯特。此君在心理学外并不出名，可在心理学界内却大名鼎鼎，内外差别如此之大，原因何在？恐怕都在"专注"二字。冯特从未超越心理学，只因他全部献身于心理学。你看：

冯特不仅为现代心理学做了定位，还为新定位做了大量宣传。他的著作浩瀚，号称迄今为止最高产的心理学家。在书中，他一再描述新、旧心理学的不同在于"实验与科学"。

冯特不仅自己宣传，还培养了大批学生一起宣传。冯特在莱比锡大学设立心理学实验室的消息一传开，欧美主要大学纷纷效仿。这些新兴心理学实验室的主持者——铁钦纳、詹姆斯、闵斯特伯格、霍尔、卡特尔等——大都是冯特的学生，或冯特学生的学生。

冯特用自己的精神感染了一代心理学家。接触过冯特的人都对其专注印象深刻，形容他为"一个不知疲倦的工作者"（霍尔），"缺乏幽默、不知疲倦的人"（铁钦纳），"爱迪生所描述的百分之一的天才加上百分之九十九的汗水的那种类型"（米勒），"知识界的拿破仑，一个没有天赋的拿破仑"（詹姆斯）。[4-1]

除了上述对冯特通常的介绍，我还希望另外做些补充。原因在于，如果把冯特的功劳仅仅描述为实验、定位、宣传，我以为那就小看了他——各位难免觉得他太顺利也太幸运。比如当初本人就曾不以为然地想：随便谁在一百年前宣传"心理学是实验科学"，不都成为现代心理学的创始人了吗？后来读到荣格的书，[4-2]我才理解，冯特克服了诸多障碍才变得幸运。

首先，有来自思想上的障碍。当时的主流意见与冯特后来宣传的恰恰相反：心理学不可能成为一门科学。理由是：

第一，意识是主观的，无法像科学要求的那样客观。法国哲学家孔德认为，意识无法观察意识，除非把它一分为二，但这实际是不可能的事情。

第二，我们不可能完全认识自我。德国哲学家康德认为，人类的认识能力有限。人类只能认识现象，无法认识真相，包括自我的真相。

上述理由如此有力，以至于难以反驳。[4-3]所以可以理解：**在冯特之前的相当长时间里，关于心理学成为一门科学这件事，倒不是没人考虑过，而是没人认为可能！**

冯特是如何克服这种思想障碍的呢？

冯特深知无法回答，因而选择了搁置。以什么理由搁置？冯特说："心理学只能从已知到未知。"当时何为已知，神经科学可以实证；当时何为未知，哲学思辨无法实证。因此冯特的"从已知到未知"，就是不再走从哲学到心理的老路，而踏上从生理到心理的新路。冯特可谓聪明至极！谁说他是"没有天赋的拿破仑"呢？

除了思想上的障碍，还有来自方法上的障碍——如何实证心理。

具体来说，一是如何观察，二是如何测量。对于现象和行为来讲，观察和测量都不成问题；可对看不见摸不着的意识，观察和测量都成问题。

冯特干净利落地回答了问题：

关于如何观察，答案是"内省"——内省法让我们观察意识。

关于如何测量，答案是"实验"——实验法让我们测量内省的结果。

这样冯特才一锤定音。（他就是心理学界的拿破仑！）

现代心理学获得了新生。

* 科学的冲击

我们讲完了冯特，还要跳出冯特——看看时代的背景。

如果各位翻开一本心理学史的教材，读到"某年某月某日，某人做了个实验，现代心理学就此诞生了"，难免以为整个现代心理学是一次孤立事件，冯特实验更是偶然中的偶然。这就是为什么本书讲心理学不愿从冯特，而宁愿从原始人、从笛卡尔讲起的缘故。事实上，现代心理学是整个心理学的一小部分，而在现代心理学中，冯特实验更是科学思潮中的必然。

请想想：冯特为什么要做实验？

由于科学的潮流。随着工业革命，旧的世界已经被彻底改造，科学的力量震惊世人。再随着"重估一切价值"，旧理性已经不够理性，科学才算真理性。当科学变得既有用又有理的时候，就形成了冲击社会的新潮流。

再想想：冯特为什么能做实验？

由于科学的基础。在冯特之前的一个多世纪，神经科学暗示了另一条思路：心灵无法观察，神经却可以观察——不仅神经腺体可以被解剖，而且神经反应可以被测量。如果回忆下本章开头，冯特的实验就是在测量听觉神经反应的时间。因此有人说"生理学是现代心理学的母亲"，此话同样不假。最早的实验心理学家都出身于实验生理学，这就为心理学奠定了人才、经验和设施的基础。

最后想想：冯特实验后为什么在心理学界一呼百应？

因为有了科学的思潮和科学的基础，心理学家就有了共同的梦想——让心理学变为一种科学，从哲学中分离出来。

*哲学的分离

可光靠梦想不够。因为此前哲学和心理学相依为命了几千年，现在哲学抛弃心理学，心理学抛弃哲学，总该有个说法吧？

说法来自科学的定义。

说来奇怪，科学虽然很早就出现——先有科学的事实，后有科学的方法——却很久没有清晰的定义。直到科学成为社会潮流，定义的任务才变得紧迫起来。

有人会说：科学还需要定义吗？科学就是自然规律啊。请这位朋友再想想：科学以自然规律为标准不假，但哲学中也有自然规律的论证，宗教中也有自然规律的描写，那科学、哲学、宗教三者该如何区分呢？

——实证。

实证也叫证实，即理论被经验验证。广义上讲，任何经验——不管实践来的经验，还是观察出的经验；不管主观经验，还是客观经验；不管个别经验，还是普遍经验——都可以验证理论，都属于实证。

不过现实地讲，实证最容易的方法就是观察，而观察最容易的方法就是实验。比如冯特曾经评估过社会观察、问卷调研、个例访谈等各种方法，考虑到可重复性和可操作性，他以实验法为实证的首选。在冯特看来，实验就是实证，尽管在其他人看来，实证还有其他方法。

可实证的方法古已有之，显然本身不足以让哲学与心理学分离。更有杀伤力的是"为什么要实证"，即实证主义。

请各位不要被"主义"二字吓倒，实证主义不过是关于实证的学说，它有两个主要论点：

首先，实证才科学。这为冯特那个时代明确了科学的定义：能实证的就是科学，不能实证的就不是科学。

43

其次，实证才有意义。这为冯特那个时代明确了科学的地位。实证主义的创始人、法国思想家孔德把知识划分为神学、玄学、科学，并且限定：

* 前两类知识不能实证，属于人类思想的早期阶段。比如上帝是否存在、世界有无界限等神学与哲学命题。

* 后一类知识能实证，是人类思想的进化阶段。比如牛顿定律、因果关系等科学命题。

至于何为进化、何为落后，另一位哲学家马赫从经济学角度做了补充：

* 能实证的命题，才值得花精力思考；

* 无法实证的命题，花精力思考等于浪费。

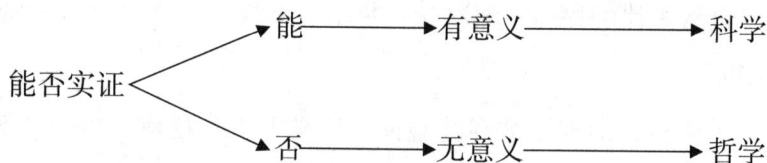

能否实证
能 ——→ 有意义 ——————→ 科学
否 ——→ 无意义 ——————→ 哲学

一边是科学的进攻，一边是哲学的退却。

让我们看看实证主义的杀伤力：

第一，按照玄想与实证，哲学必须与科学分离；

第二，按照落后与进步，哲学必须让位于科学。

这样看来，哲学家们不是在自取灭亡吗？

没错。自从实证主义占据主导地位之后，近代哲学开始自觉自愿地与科学分裂，从此一分为二：

第一部分，能够实证的分离了出去，如物理学、化学、生物学、医学等，形成了现代科学；

第二部分，不能实证的保留了下来，如存在的问题、认识的问题、道德的问题、语言的问题等，形成了现代哲学。

依据实证主义的划分，冯特实验才不单单是实证，而是迫使心理学在科学与哲学之间做出选择，从此也一分为二。在这种背景下，心理学从哲学的大家庭中分离了出去。或者反过来讲也未尝不可，哲学从心理学的大家庭中分离了出去。如果说"哲学是心理学的父亲"，这位伟大的父亲用近乎自残的方式成就了自己的孩子。

* 科学中的心理学

哲学的心理学死了，科学的心理学活了。

继冯特之后，兴起了四种不同流派的现代心理学。我们分别简单介绍下。

I. 铁钦纳的元素心理学

铁钦纳是冯特的学生，直接继承并发展了冯特的体系。冯特认为："对意识进行准确描述是实验心理学的唯一目标。"可铁钦纳发现：意识是一个连续复杂的过程，并不容易测量，相对容易测量的是意识的元素。因此，这一学派被称为"元素心理学"或"构建心理学"。

相应地，铁钦纳细化了什么是元素、什么是构建。冯特也曾提到这两个概念，但只说心理包含元素、元素可以构建。而铁钦纳则明确为：基本心理元素包括感觉与感受，心理构建就是相加的关系。

在方法上，元素心理学通过内省实验测量心理元素，基本延续了冯特的方法。

II. 詹姆斯的应用心理学

威廉·詹姆斯在心理学界的影响力不如冯特，但他在心理学外的影响却超过冯特。对两位心理学大师，我怀有两种不同的敬重：既敬重前者的专注，也敬重后者的不专注。

先说明下詹姆斯对心理学的贡献。

在心理学理论上，詹姆斯反对"元素心理学"，基于两点理由。

第一，他认为与其研究心灵有哪些元素，不如研究心灵有哪些功能。这是因为詹姆斯强调心理学的实用性，反对冯特将现代心理学定位于学术研究，认为心理学应该向世人证明其实用价值。因此这一学派也被称为"机能心理学"。

五花八门的应用心理学就此开始。心理学被应用到诊所、公司、军队、法庭、学校、幼儿园。最终它所证明的实用价值如此之多，以至于被引申到星座、算命、看相术和读心术。这当然令心理学家十分恼火。

第二，詹姆斯认为心理是动态的，不是静态的，因此无法分解为元素。他在《心理学原理》中写道：意识不是衔接的东西，它是流的，形容意识最自然的比喻是河或流。此后我们说到意识的时候，让我们把它叫作思想流，或意识流，或生活之流。[4-4]

在心理学方法上，詹姆斯认同冯特的科学定位，并定义心理学为"精神生活的科学"。因此他虽然不喜欢实验，但还是聘请了冯特的学生闵斯特伯格，主持自己在哈佛大学的实验室。

心理学之外呢？

在文化领域，詹姆斯的意识流曾引领风潮，一时间，小说、话剧、电影纷纷按照意识流的顺序来写。所谓意识流的顺序，说白了就是不按正常顺序——既非正常时间，亦非正常空间——据说按照"心理顺序"。诸位不妨这样理解：既然心理是一种流体，那么它可能顺流，也可能逆流，更可能乱流。如电影《2020》中的结束语："记忆消失于时间，如眼泪被雨水带走。"难怪我们看不懂，又觉得很有境界。这就是意识流的境界！

在哲学领域，詹姆斯是"实用主义"学派的创始人之一，他的名著

《实用主义》是作者读到的概念最多却修饰最少的哲学著作。

在宗教领域，詹姆斯常常被人纪念为一名"理性的神秘人物"，他的另一著作《宗教经验种种》至今仍为畅销的灵性读物。这位心理学大师始终没有在理性与神秘之间做出选择，这就是我说他不专注的理由，尽管是褒义的不专注。

III. 格式塔心理学

所谓格式塔，在德文中是整体的意思，也被称为完型心理学。

在理论上，这一学派也反对"元素心理学"，认为心理元素相加并不能得出心理整体。即整体不能被分解为元素，整体也不等于元素相加。我读过一个很好的类比：当听到海浪拍击海岸的声音，感觉不到每个水滴，可事实上，每个水滴都发出了声音，当组合在一起时，海浪形成了整体的轰鸣。

在研究方法上，格式塔心理学也采用"实验加内省"，只不过冯特观察的是个别意识，格式塔观察的是整体意识而已。

IV. 弗洛伊德的心理学

几乎与冯特同时，西格蒙德·弗洛伊德也出现在心理学界。可与学院心理学家相比，弗洛伊德如同一条若隐若现的平行线。他不在大学，而在诊所；他不做实验，而做治疗；另外，他有理论和应用，而没有研究。尤其是他与詹姆斯类似，对心理学外的影响超过对心理学内的影响。

具体到应用中，即使思想如天马行空的弗洛伊德，也认为自己在从事科学。他的学生霍妮解释说，弗洛伊德受那个时代的影响，自己又受过医学训练，始终对科学抱有一种神圣的使命感。

带着这种使命感，弗洛伊德一直按"实证"要求治病。他以病人在躺椅上的谈话为实证，以病人对医生的反馈为实证，并相信科学家会在人体找到"本能"的实证——那种被后人称为荷尔蒙的物质。

总结这一时期的心理学，我们称其以科学为特征是有原因的：

从性质上看，上述四种心理学学派都延续冯特的口号——现代心理学是一门科学。

从方法上看，它们都采用实证的方法——以意识为对象，或在实验中实证意识，或在治疗中实证意识。

从结果上看，心理学的范围进一步缩小了。按照科学的定义，不仅哲学不能实证，道德也同样不能实证。因此，心理学继革除了神话、宗教之后，又革除了哲学、道德，[4-5]现在只剩下了科学。

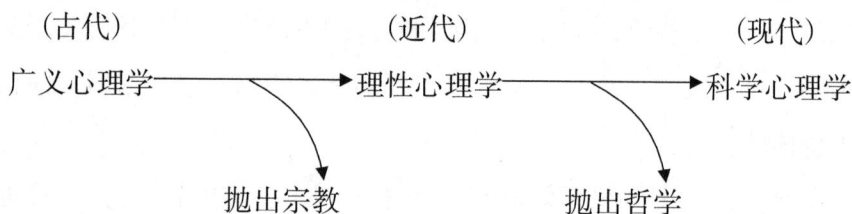

(古代)	(近代)	(现代)
广义心理学 ──→	理性心理学 ──→	科学心理学
抛出宗教	抛出哲学	

"理性的心理学"进化为"科学的心理学"，革命成功了！不过令人意外的是，革命还要继续。

5. 行为的冲击，心不见了
——第三次转向及行为主义的辉煌

到了 20 世纪 20 年代，现代心理学遇到了第三次重大的冲击。

* 华生的观察

这次冲击的主导者，是一位名叫约翰·华生的心理学家。

1920 年，华生进行了一次不起眼却开创性的实验。他先做了一些准备工作——挑选了一名叫阿尔伯特的九个月大的小孩为实验对象，并确定了两个前提：第一，小孩天生害怕声响；第二，小孩天生不害怕动物，如蛇、白鼠、猴子、狗。

在准备结束后，华生这样进行实验：

每当小阿尔伯特伸手去摸白鼠的时候，就让人在小阿尔伯特背后发出巨大的声响，小阿尔伯特每次都表现出惊恐的样子。实验每周一次，重复到第七周时，小阿尔伯特再见到白鼠出现，即使没听到声响，也会号啕大哭，转身逃去。实验继续下去，小阿尔伯特对一切类似白鼠的东西，如白玩具、白帽子均表现出惊恐。华生的结论是：人的行为可以后天塑造。

这里的关键词是：人的行为。

要理解华生的实验开创性在哪里，必须把"人的行为"拆开来看才行。

先说为什么其中"人"是关键。因为要说动物的行为，那么在华生之前，动物实验早就盛行了。

最重要的动物实验来自伊万·巴甫洛夫。我们从中学课本中就学过，巴甫洛夫是一位俄国生物学家，1904 年因发现条件反射获得了诺贝尔生理学奖。

在开始他最著名的实验前，巴甫洛夫也先做了一些准备工作——设计了一个可以观察狗唾液分泌的装置，并也确认了两个前提：第一，每次进食时，狗的舌头就会自动分泌唾液，巴甫洛夫称之为"非条件反射"，我们体检时的膝跳反应就属此类；第二，每次摇铃，狗的胃部并不分泌黏液。

在准备结束后，巴甫洛夫这样进行实验：

如果把两种刺激联系在一起，每次喂食前摇铃，那么重复几十次后，即使光摇铃不喂食，狗的舌头也开始分泌唾液。唾液与摇铃本来无关，在实验后才相关，该如何解释这种后天建立起来的"相关"呢？

巴甫洛夫只能用"狗的心理"来解释：狗的神经系统中建立了一种新的连接，连接了本来无关的铃声与唾液。这种后天建立的神经反应叫作"条件反射"。

按说巴甫洛夫的实验对心理学意义重大：环境连接意识与行为——它们可是现代心理学的两个关键词。那为什么巴甫洛夫从未自称心理学家呢？很简单，他的实验对象是动物，不是人。

华生把这项实验延伸到人类，证明了人类的行为也是条件反射的结果。这是**华生实验与之前动物实验的区别：人。**

再说为什么"人的行为"中"行为"也是关键，因为要说人的意识，那么在华生之前，冯特早做过意识实验了。

华生为什么要把意识转移为行为呢？

这要从冯特之后的心理学家对内省法的不满说起。冯特采用的是"内省加实验"法，其中实验法没争议，而内省法则很有问题。问题在于内省的对象是感觉，不仅每个人感觉到的不同，而且即使同一个人，今天与明天感觉到的也不同。更别提在人类的所有意识中，感觉还算最容易内省的一种，其他如情绪、动机等高级意识，就更难准确内省了。

冯特不知道这个问题吗？当然知道。可一是苦于没有更好的办法，冯特只能培训实验者感觉更敏锐；二是内省法也并不为错，实验是从外部实证，内省是从内部实证。正因为如此，不仅冯特，而且铁钦纳、詹姆斯、格式塔学派甚至弗洛伊德，都采用内省法。

随着实证主义思潮的深入，原有的科学定义发生了改变，尽管仍然实证，越来越多的科学家要求严格实证。至少有三条标准：

第一，客观性：客观观察而非主观体验；

第二，准确性：测量而非描述，并且每次只改变一个而非多个条件；

第三，普遍性：广泛有效而非个案适用。

这就让后来的心理学家意识到：冯特的心理学虽然自称科学，其实还比不上其他科学。如物理学、化学、生物学、医学，它们都观察现象，因而是客观的、准确的、普遍的；可冯特的心理学观察意识，因而是主观的、不准确的、不普遍的。看来冯特掉入了自己设下的陷阱，正因为他宣称现代心理学是科学，后继者才抱怨他不够科学！

作为新的尝试，华生转而观察小阿尔伯特的行为。这是**华生实验与之前心理学实验的区别：行为**。

因此在华生之前，既有动物实验的基础，也有意识实验的基础，华生的不同在于为心理学引入"人的行为"。这是行为心理学的开始，也是行为主义的开始。

＊行为主义

心理学历史上的这第三次冲击，与前两次有明显不同。

之前理性主义、实证主义对心理学的冲击，分别来自社会思潮。

社会思潮改变了心理学，是常见的途径，也是我们讲解的次序。

而行为主义的冲击，则发源于心理学内部，后来才演变为一种社会思潮。心理学改变社会，是不常见的途径，所以我们要调整次序：先讲行为心理学，后讲行为主义。

什么是行为心理学呢？

延续华生的实验，行为心理学家进行了数不胜数的实验，总结起来有简单的两个关键：

一是行为取代了意识，成为现代心理学的实验对象；

二是观察法取代了内省法，作为现代心理学的实验方法。

简单归简单，好处却很明显：

首先，观察行为比内省法客观。相对于自我感觉的主观性，在行为实验中，我们可以观察第三方以增加客观性。

其次，观察行为比内省法准确。相对于感觉的多变量，在行为实验中，我们可以每次只变动单一条件以增加可控性。

最后，观察行为比内省法普遍。相对于感觉因人而异，在行为实验中，我们可以通过更换实验者以增加可重复性。

更客观、更准确、更普遍，就符合了"严格实证"的要求。至此，心理学才变成无可置疑的科学。

还记得吧，当冯特宣称心理学是科学的时候，不仅他的方法值得质疑，而且他并未回答，仅仅搁置了孔德和康德的质疑：一、意识是主观的，无法客观；二、我们不可能真实地认识自己。

华生回答了思想家冯特无法回答的问题，而且回答得干净利落：一、意识是主观的，行为却是客观的，于是孔德的质疑不成立了；二、我们无法认知自己的意识，却可以认识别人的行为，于是康德的质疑也不成立了。我们不由得要为华生拍手叫好！

从此"现代心理学是科学"，拒不接受质疑！

接下来，什么是行为主义？

同样，请不要被"主义"两字吓倒，所谓"行为主义"就是关于行为的学说。这个主义比其他任何主义都简单——它针对美国社会，而世界上没有比美国人更喜欢简单的了！

落实到具体，也是两条：

第一，"人的行为可以塑造"意味着教育万能。华生如此描述行为主义对教育的意义：它应该成为一门科学，为所有的人理解他们自己的行为做准备；它应该使所有人渴望重新安排他们自己的生活，特别是为培养他们的孩子健康发展而做准备。[5-1]

第二，"人的行为可以塑造"意味着人人平等。华生如此描述人人平等的可能性：给我一打健全的婴儿，并在我自己设定的特殊环境中养育他们，那我愿意担保，可以随便挑选出其中一个婴儿，把他训练成我所选定的专家——医生、律师、艺术家等，而不管他的才能、嗜好、倾向、能力、天资和他祖先的种族。[5-2]

教育和平等，是美国社会以及所有现代社会共同追求的目标。由于符合社会潮流，行为心理学演变为行为主义的社会思潮。

显然，上述一切都与华生本人关系很大，我们甚至可以把行为主义的冲击称为"华生个人的冲击"。

首先，华生擅长演讲。在1913年的一次会议中，华生发表了题为"行为主义者眼中的心理学"的文章，明确提出了行为主义的主张：

＊真正科学的心理学，应该放弃讨论心理状态，转而预测与控制行为。

＊心理学是客观的、自然科学的实验分支。

＊内省法不是心理学的主要方法，其数据的科学价值与其能否被意识解释无关。

华生的演讲令与会者耳目一新，被后人称为"行为主义"的宣言。[5-3]

其次，华生擅长公关。他很懂得"政治正确"。比如"人的行为可以塑造"本来是个学术主张，可经过华生一宣传，就变成了时代感很强的政治口号，让美国社会为之一振，也让全世界关注心理学。

最后，此君仪表堂堂、风度翩翩、谈吐不凡，深受女性朋友青睐，不时闹出点轰动绯闻，还为绯闻写下深情的心理学告白，这都给行为主义带来轰动效应。

华生并非我欣赏的那种深入思考的类型，却是现代心理学中难得一见的宣传家。可以说，他兼具了冯特的专注——在行为上很专注，及詹姆斯的不专注——在爱情上很不专注。

回到心理学界，社会上的轰动效应，反过头来又冲击了现代心理学内部。要知道，行为心理学原本只是众多心理学流派中的一种，可现在，它俨然成为现代心理学的代言人，开始决定现代心理学的走向了。

*多余的意识

一面是行为的进攻，一面是意识的退却。

首先意识变成了一件多余的事。

说句公道话，行为心理学只说过"意识不客观"，却从未说过"意识不存在"。但我们都会问：既然存在，那总归需要解释意识吧？

未必，行为心理学家试图不解释。

华生的说法是："行为来自于过去的经验。"这句话等于说"行为产生了行为"，好像没意识什么事似的。另一位行为主义心理学家伯尔赫斯·斯金纳补充说："对内在状态的无视，不是说它们不存在，而是它们与功能分析无关。"

所谓与功能无关，举个例子吧，好像我们打电话时，只管拨打电话，听到声音就行，何必关心电线如何传输呢？在行为心理学家眼中，我们的神经系统，恰似两台电话间的电线一般，至于中间有怎样的神秘机制，不知道也罢。

如果不解释不行，还非解释不可的话，那行为心理学家会告诉你：不妨把感觉、思维、情绪看作生理反应吧，这样意识就变成了内部行为！

从不客观，到不解释，到意识也是行为，意识变得很多余。

* 消亡的意识

多余到一定时间，意识也就消亡了。

你会好奇：难道"意识类"心理学没有反击吗？可以说它们即使反击，也显得有气无力。因为现代心理学家都是讲道理的人，而行为心理学的道理令人无法反驳。请看：

既然冯特证明了"心理学是科学"，既然华生证明了"行为最科学"，那两个"既然"相加，必然得出结论：

第一，现代心理学的方向只可能是行为，因为它最科学；

第二，现代心理学的方向不可能是意识，因为它不够科学。

虽然上面的话听起来很生硬，可除非推翻冯特和华生，现代心理学别无选择——只能按道理办。

心理学家铁钦纳抱怨道：行为主义像一股巨浪吞没了美国。[5-4]**这股巨浪卷走了现代心理学中与意识有关的大部分流派。**

你看，铁钦纳继承的元素心理学不见了；

你看，詹姆斯创建的机能心理学不见了；

你看，格式塔心理学不见了。

在 19 世纪末心理学诞生之初，上述三种心理学派都曾各领风骚，现在它们却都被公认为不够客观、不够准确、不够普遍——因而不再符合科学的定义。到 20 世纪 20 年代行为主义登场后，这三种心理学基本都在美国心理学界销声匿迹了。

在这股巨浪中，行为心理学一枝独秀。

在相当的时间里，由于高举科学的大旗，行为心理学引领了心理学的主流，像中世纪的教会那样，"统一并统治"了现代心理学的研究领域。

同样由于高举科学的大旗，行为心理学顺应了时代的呼声，让整个心理学的社会地位迅速上升，达到前所未有的辉煌。

意识心理学死了，行为心理学活了。

蓦然回首，我们被心理学的进展吓一跳：它经过三次革命——理性的冲击、科学的冲击、行为的冲击，终于变成了行为学。问题是：行为学还能叫心理学吗？

同时，我们也被"心理"二字的变迁吓了一跳："理"倒还在，"心"不见了。问题是：没有"心"，还能叫心理吗？更严重的问题是：没有"心"，还能叫人吗？

心理学的革命，最终革了"心理"的命！

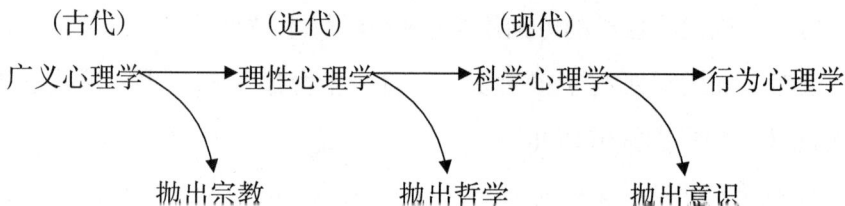

<pre>
  （古代）   （近代）   （现代）

广义心理学————→理性心理学————→科学心理学————→行为心理学
        ↘   ↘   ↘
       抛出宗教   抛出哲学   抛出意识
</pre>

＊行为疗法

理论指导实践。行为心理学指导的心理治疗就是行为疗法。

如果说在理论中，行为主义把心理学变成了行为学，那么在治疗中，它就把心理治疗变成了行为治疗。常见的行为疗法有三种：行为矫正、脱敏疗法、交互抑制，共同点都是轻意识、重行为。

所谓行为矫正，即通过奖惩机制建立习惯。比如我们常提的奖勤罚懒，目的在于培养"勤"的习惯，消除"懒"的习惯。需要说明，有些心理学家将行为矫正一词用于正常人，而将行为疗法一词用于病人。但第一章中提到，正常人与病人之间不存在绝对界限，因此认为行为矫正与行为疗法之间也不存在绝对界限。本书只把行为矫正当成行为疗法的一种，但并不否认，在心理治疗中更常见的是另两种：脱敏疗法和交互抑制。

何为脱敏疗法？顾名思义，就像脱离过敏一样，通过逐步接近目标，最终消除负面表现。最初的脱敏疗法来自华生的学生琼斯。她在华生实验之后进行了反向的实验。所谓"反向"，就是华生的实验目的在于"制造恐惧"，而琼斯的实验目的在于"消除恐惧"。她找到了一个三岁的名叫彼得的小孩，最初的情况是，彼得一见到兔子就吓得发抖。在实验开始后，每次当彼得吃饭时，琼斯就把兔子放在远处，以后逐次拉近两者之间的距离。经过几周的时间，彼得开始习惯兔子的存在，甚至到最后敢于用手触摸。后来南非心理学家约瑟夫·沃尔普把这个方法系统化为脱敏疗法。

在此基础上，沃尔普又进一步提出了交互抑制疗法。何为交互抑制？简单地说，就是用肌肉放松来抑制情绪紧张。沃尔普发现一个现象：人不可能既紧张又放松。请各位自己体验一下吧，当你情绪紧张的时候，肌肉自然紧张；当你情绪放松的时候，肌肉自然放松。但不可能出现两者交错的情况：肌肉放松却情绪紧张。这就是交互抑制。托尔曼把交互抑制的原理应用于治疗，要求病人先做肌肉放松，放松后想象恐惧的事情。一旦发现肌肉紧张，就停止想象，重新做肌肉放松。如此推进"放松—紧张—放松—紧张"，直到想象恐惧事情的时候，肌肉不再紧张为止。

支持者认为，行为疗法非常简单——只需行动，并且非常客观——医生无须顾及病人的反馈是真是假，甚至无须顾及病人愿不愿意反馈。

而批评者认为，行为治疗侵害了病人的人权。比如为了治疗恐高症，医生可能将病人悬置于高楼外面的笼子里，虽然病人事前同意，但进入笼子时已经后悔了，当发现自己悬置在高空又无路可逃的一刻，会不会引发其他问题呢？如果那时精神还没崩溃的话。

尽管行为主义在治疗界不像在理论界那般权威，但它力求的"最科学的标准"仍对此行业产生了莫大影响。

总结行为心理学和行为疗法，这一学派在现代心理学界独领风骚几十年，因为它有任何心理学派都无法比拟的两大优势：

第一，在所有方法中，行为学派的方法最接近科学。不管是对是错，科学代表着先进，代表着进步，代表着时代的呼声，这让行为主义占据了先进、进步、时代的制高点。

第二，在所有学派中，行为学派的体系最完善。它有研究、有理论、有应用、有治疗，相比之下，其他的心理学派或者没研究，或者即使有研究，也不像行为学派那样准确、客观、可重复。更不用提，行为心理学在实验领域的成果遥遥领先。

这种情况持续到 20 世纪 60 年代，之后由于心理学多元化的浪潮，行为心理学的统治地位才有所动摇。可即便在已有五十四个心理学分支的今天，行为学派的继承人仍然占据着现代心理学的半壁江山！这就是我们为什么讲现代心理学，不得不把这一学派放到第一位讲的缘故。

可为什么只有"半壁江山"呢？难道行为主义的浪潮不应该"一统江山"才对吗？所幸现代心理学为意识留下一点余地，全因一个人的大名——弗洛伊德。

6. 关不上也打不开的另一扇窗：弗洛伊德
——意识类心理学的中流砥柱

这一章，我们介绍第二种心理学理论及治疗：弗洛伊德的理论及他开创的精神分析法。

* 关不上也打不开的另一扇窗

如果说行为主义绑架了心理学——把心理学引向行为学，那弗洛伊德也绑架了心理学——让心理学保留下意识。

既然冯特定义现代心理学为科学，既然华生论证了行为最科学，这种情况理论上不该发生。可历史并不总按理论推进：现代心理学在承认行为心理学为正统的同时，也为意识留下一扇"打不开也关不上的窗"。

为什么说这扇窗打不开？事实上，弗洛伊德一直试图打开它，却从未完全打开。一是因为在行为主义的冲击下，任何意识的学说都显得不够正统；二是因为弗洛伊德的心理学太另类，在心理学界内一直很受排挤。

为什么说这扇窗关不上？事实上，行为主义者一直试图关上它却从未彻底关上。原因只有一个：弗洛伊德魅力太大。

首先，弗洛伊德声名在外。

如文艺批评家哈德·布鲁姆指出，**弗洛伊德的理论"早已深入我们的文化，成为当代知识分子共有的唯一神话"**。[6-1]你看，他的本能学说顺应了达尔文的进化论和叔本华的非理性主义，他的潜意识理论激发了文艺界、哲学界、社会学界无限遐思，他的性压抑理论在社会上引起轩然大波。

不仅在知识界眼中，即使在普通老百姓心中，弗洛伊德也不可替代。在每次公众调查中，他都被列为最为人知的心理学家，可谓现代心理学的化身——尽管现在你已经知道，这种印象很不正确。

结果弗洛伊德与冯特、詹姆斯、格式塔学派遭遇不同：行为心理学学派可以让元素心理学、机能心理学、格式塔心理学销声匿迹，却无法让弗洛伊德销声匿迹。哪怕心理学界内部通过，文艺界、哲学界、社会学界也不会认可，老百姓更不会照办。这就是为什么行为心理学甚至所有学院派心理学家都不喜欢弗洛伊德，也拿他毫无办法的原因。

除了名声在外，弗洛伊德对现代心理学内部的影响其实也很大。

最明显的是：**类似冯特兴盛了心理学研究这一学科，弗洛伊德兴盛了心理治疗这一行业。**或许令各位吃惊的是，现今家喻户晓的心理医生和心理治疗都是相对现代的名词。

在古代，精神疾病往往被认为是魔鬼附身。如果真要治疗的话，那么手段包括捆绑、浸泡、监禁、电击、放逐、驱魔、休克，最残酷的莫过于打开病人的头颅——不是为了动手术，而是为了从头颅中驱魔。显然以前需要的不是心理医师，而是巫师、祭祀师、驱魔师、催眠师。

即使到了近代医学成型之后，心理治疗仍然得不到认可，出于另一种考虑——医学是科学，所以必须按照科学办事。生理机能可以诊断，所以医学界承认生理病人；心理机能当时无法诊断，所以医学界不承认精神疾病。

弗洛伊德的出现，让情况发生了改变："癔症"患者被正常接纳，心理病人才变成病人；心理治疗被当作职业，心理医师才变成医师。而弗洛伊德本人，则既治疗别人，也被同事治疗。可以说，今天数以百万计的心理病人和心理医生，都有意或无意地继承着弗洛伊德留下的遗产。假如缺了他，现代心理学能有今天人丁兴旺的局面吗？

就这样，现代心理学一半被行为主义绑架，另一半被弗洛伊德绑架。

当然，弗洛伊德对文化的影响也好，对心理学的贡献也好，基础都在于他小说般的理论。

* 弗洛伊德的理论

弗洛伊德的理论虽然另类，但并非没有逻辑，主要内容有关潜意识、本能冲动、三重自我。让我们把这三个概念串联起来讲下。

I. 潜意识
潜意识理论是弗洛伊德学说的基础。

作为弗洛伊德的成名作，《梦的解析》让不少人以为弗洛伊德是解梦大师，在我看来这倒不假，只是弗洛伊德在书中写道：梦的解析是了解潜意识活动的通道。借助梦的分析，我们能了解这最神秘、最奇异的精神构造。[6-2]显然梦只是工具，潜意识才是目的。

弗洛伊德并非提出潜意识的第一人。在他之前，欧洲众多的哲学家——斯宾诺莎、莱布尼茨、康德、叔本华都认为心灵中有不可知的部分。据记载，学者卡彭特最早使用了潜意识一词。而比弗洛伊德略早的哲学家尼采，更曾用浪漫的笔调描述潜意识。尼采描述之明确、之频繁、之深刻，以至于弗洛伊德在自传中承认，只能强迫自己回避尼采的书，以便独立完成工作。这些前人的工作丝毫不掩盖反而衬托出弗洛伊德对潜意识的独特贡献。为什么呢？

首先，弗洛伊德留下了方法。

如弗洛伊德所述："诗人和哲学家在我之前就发现了潜意识，我发现的是研究它的科学方法。"弗洛伊德的方法是否真属于科学，其实很有争议，可没有争议的是，之前的哲学家们确实都在空谈！所以别看轻方法：大到人类历史上的任何伟大创造，小到心理治疗中的某个案例，关键往往不在理论，而在方法。

弗洛伊德的方法就是精神分析。这让弗洛伊德的潜意识硕果累累：因为有精神分析的方法支撑起心理治疗行业，潜意识理论得以付诸实践；也因为有精神分析的方法记录了大量病例，潜意识得以付诸实证。这就是有方法与没方法的不同！

其次，弗洛伊德还细化了理论。

他将潜意识分为前意识和无意识。这样，心灵的结构就包括意识、前意识、无意识。其中，意识相当于我们可以自知的浅层意识，无意识相当于我们完全无法了解的深层意识，前意识则是可以转化的中间层。

相应地，弗洛伊德提升了潜意识在整体意识中所占的比例，他留下了名言："心灵像一座冰山，漂浮在水面上的只是七分之一。"下面的七分之六都是潜意识，这意味着人主要靠潜意识，**而不是靠意识驱动**。

冰山的比喻很著名，可我要给它挑一点毛病：根据弗洛伊德自己的理论，潜意识并非像冰山般静止，而是像火山般涌动。**在黑暗中涌动着什么呢？弗洛伊德接着解释：本能。**

II. 本能冲动

按照达尔文的理论，在漫长的进化中，生物形成了自己的本能。本能是原始的、不安的、难以控制的，这在野蛮的动物身上没有问题，可这在理智的人类身上，就显得不够神圣。

在第一章我们已经简单提到过弗洛伊德的本能理论，这里稍做补充。

最常见的当然是性。弗洛伊德称性本能为"力比多"。弗洛伊德发现，潜意识中流露的信息总与性有关：有时表现为性压抑，有时表现为性冲动。弗洛伊德指出性冲动并非从青春期，而是从童年开始，分为口唇期、肛门期、性器期、潜伏期、生殖器期。[6-3]如果换了别人，一定以为这是调侃，何必用这么庸俗的名字呢？可弗洛伊德很认真，他细致描述了婴儿的性快感，从依恋口唇到依赖肛门，到依恋生殖器……并且得出结论：从出生的那一刻起，性的欲望就伴随着人生。[6-4]

性冲动、性快感、性压抑，在任何文化中都属于危险雷区。当欧洲人发现，有一位叫弗洛伊德的家伙居然冒天下之大不韪，在其所写的最儿童不宜的作品《性学三论》中，将"力比多"引申到天真无邪的儿童，这让绅士、淑女们情何以堪？一时间，对弗洛伊德的辱骂铺天盖地。好的方面是，在愤怒声中他变得尽人皆知；坏的方面是，心理学界唯恐避之而不及。最后连他的大弟子阿德勒、二弟子荣格也相继离去，表示自己与性本能——尤其儿童的性本能——无关！

通过本能趋动潜意识的理论，弗洛伊德解释了人类的冲动：看看，我们既有爱的冲动，也有破坏的冲动。为什么呢？因为你我体内的"力比多"太多！太强烈！

那如何解释人的不冲动呢？**为什么我们有时会爱，有时不爱？有时破坏，有时不破坏？弗洛伊德继续解释：多重人格。**

III. 自我的平衡

弗洛伊德构想，每个人的内心中都不止一个我，而是有三个我：

* 本我（Id），代表冲动的本能，在三我中它最真实；
* 超我（Superego），代表道德的要求，在三我中它最不真实；
* 自我（Ego），代表表现出的我，在三我中它最终平衡。

三重自我解释了人类平衡的关键——自我（Ego）。我们常说"某人很自我"或"BIG EGO"，听起来像坏事似的。其实在弗洛伊德的体系中，自我平衡着本我、超我与环境。当然平衡是脆弱的：有时表现为平静，有时表现为狂暴，更多时如暴风雨前的平静。因为有自我，大多数人大多数时候还算正常。

于是我们看到弗洛伊德心理学的优势：它可以解释你很平静——因

此自我控制了平衡；也可以解释你很疯狂——因为自我失去了平衡；还可以解释你既疯狂也平静——因为本我、超我、自我在相互转化。

潜意识、三重自我图示。

把上述理论串联起来，弗洛伊德为我们勾画了一幅完整的心理结构的画面：从纵向看，意识、前意识、潜意识；从横向看，本我、自我、超我。

心理结构的目的在于心理治疗。有了弗洛伊德的理论，心理治疗师的分析就变得简单了：既可以按图索骥，也可以稍加改动。心理治疗从一种艺术变成了一种流程，尽管仍然是一种艺术化的流程！反过来，心理治疗也有助于印证弗洛伊德的理论。因为弗洛伊德的理论虽然很迷人，可潜意识、本能、三种自我没一项可观察，靠什么方法落实呢？**精神分析。**

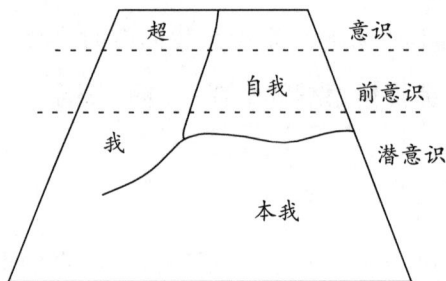

意识的结构[6-6]

＊ 躺椅上的无数次谈话

这里我们要搞清楚两个名词：心理治疗和精神分析。它们经常被混在一起是有原因的：除了共同的来源弗洛伊德外，它们还属于共同的领域——一个是行业名称，一个是方法名称。 心理治疗指的是这个行业——精神分析、催眠疗法、行为疗法、认知疗法、格式塔疗法、家庭疗法、自然疗法等——凡以恢复心理健康为目的的实践，不管是他人帮助还是自我帮助，都属于心理治疗行业。而精神分析——弗洛伊德心理学在心理治疗中的应用，是这个行业中最常见的一种方法。

具体来说，精神分析有怎样的流程呢？

虽说始终在变化，但大致没变的有以下几步：

首先是谈话。弗洛伊德的谈话并非你来我往的交谈，而是医生听、病人谈，医生即使参与，也仅限让谈话进行下去。各位在电影上都看过这种场景吧：来访者躺在躺椅上，无拘无束地说话，不管内容多自由、多荒谬、多离奇、多杂乱无章，最好能一边自言自语、一边自由联想。目的倒不是为了宣泄，而是为了让潜意识暴露出来。原则是：越自由就越荒谬，越荒谬就越真实，也被称为"自由联想法"。

其次是处理。既然病人在讲、医生在听，为什么还需要处理呢？因为上面描述的是理想状态。弗洛伊德发现，很多情况下自由联想未必顺利，中间往往进行不下去，怎么回事呢？谈话者心里的压抑会阻挠"化潜意识为意识的企图"，从而设置谈话的障碍——有时表现为病人对医师的感情抗拒，有时表现为病人对医师的感情依赖。[6-5]这都要求医生学会处理，以便让心理治疗能够进行下去。

最后才是分析。弗洛伊德发现：来访者透露的信息很重要，而不愿意透露的信息更重要。比如病人感情抗拒，心理医师正好可以分析抗拒背后的原因；再比如来访者感情依赖，心理医师也可以分析依赖背后的原因。

显然，精神分析法既没那么复杂，也没那么简单，它是谈话、处理、分析的总和。

讲完了弗洛伊德的思路，请允许我稍做评价。

无疑这是一套天才的思路，也的确来自一位天才。

天才到今天的心理学人士都急于撇清的地步，他们会告诉各位：现代心理学已经有了新的工具，不再需要弗洛伊德的理论。果真如此吗？

如果采访当今的心理学界，我承认没有哪位完全沿用弗洛伊德，但也敢保证没有哪位完全摆脱了弗洛伊德。之所以如此肯定，理由很简单：弗洛伊德已经深入到每位心理学人士的潜意识中，不管他或她意没意识到！

于是我们又看到了弗洛伊德辩论学的优势：对方承认，是因为潜意识；对方不承认，是因为没有意识到自己的潜意识！如果对方追问：我怎么才能意识到呢？不妨再回答：那还能叫潜意识吗？除非你把它变为意识——公开承认！听起来像诡辩？没错，它就是。

纵观弗洛伊德谈及的每个话题——潜意识、本能冲动、三重自我、精神分析——都曾经激发起无数小说家的遐想。在我看来毫不奇怪，因为串联起来，弗洛伊德的理论就像一本小说！

深爱心理学的你会说：弗洛伊德怎么会在写小说呢？我要提醒你的是：别忘了，你已经陷于剧情之中，回头想想，这一切都是真的么？它们全都来自弗洛伊德的大脑中，可能存在，也可能根本不存在！

所以我说，小说家不可怕，弗洛伊德才可怕。没有哪个小说家像他这样，把小说素材写成一本正经的心理学，并让世人相信为真！更没有哪个小说家像他这样，活在自己的小说素材中，让自己也相信为真！

怀着无限的景仰之情，我难以把他与任何心理学大师相提并论：他超越了"专注与不专注"的理性范畴，进入了天马行空般的非理性范畴。可疑的是，他确实具有一般心理学大师所不具有的气质，令人联想到心理学家艾森克所指的"天才与疯子一线之隔"！

* 精神分析学派

弗洛伊德不仅创立了精神分析，还创立了精神分析的职业团体——世界各地的精神分析学会。这也是弗洛伊德心理学很难被彻底消灭的另一个原因：弗洛伊德不是一个人，而是一群人。

这群人中产生过很多著名心理学家，包括克莱因、安娜·弗洛伊德、弗洛姆、科胡特等。虽然他们都宣称自己与弗洛伊德的理论不尽相同，但他们的总称就是精神分析学派。

在整个现代心理学中，精神分析学派占有怎样的地位呢？

可以说，它占据了现代心理学"接近一半的江山"。这"接近一半的江山"可来之不易，因为精神分析学派从来不具备成为正统的理由。

最激烈的批评来自行为心理学，包括：

第一，精神分析采用病人口述意识而非观察行为，因此并不客观；

第二，精神分析采用医师的描述而非仪器测量，因此并不准确；

第三，精神分析采用个体经验而非统计规律，因此并不普遍。

既然不客观、不准确、不普遍，那就不是严格意义上的科学。不过可以看出，上述指责对所有"意识类"心理学都成立，这样反而好理解了：连意识都不科学，就更别提潜意识！

正因为行为心理学的批评有理有据，我们反倒要向弗洛伊德致敬：他对现代心理学的最大贡献在于保留了意识。其理论中有几个前提：一、我们的意识存在；二、意识可以被实证；三、精神分析是门科学。尽管原则上都有待商榷，但事实上却为"意识类"心理学后来的复兴留下了空间。

再具体到"意识类"心理学中，精神分析学派占有怎样的地位呢？

可以说，它始终是"意识类"心理学的中流砥柱。相比而言，它有着其他学派无法比拟的优势：弗洛伊德的名声，庞大的精神分析学会，抵制行为主义的功绩，与现代心理学平行的历史……

这就是我们讲现代心理学时要把这一学派放到第二位来讲的原因。

尽管如此，我们还要介绍另两种心理学和心理治疗——它们虽然没那么中流砥柱，也没那么历史悠久，却让人无法忽视。

7. 加一点动机，加一点认知

——无法忽视的趋势

虽说行为心理学和精神分析学派是现代心理学中最大的两个分支，可到了 20 世纪 50 年代，出现了众多较小流派，其中两种比较重要：认知心理学和认知疗法、人本心理学和人本疗法。它们都自称现代心理学的"第三势力"，并且我相信它们都不会接受"并列"的位置。那么，哪个才是真正的"第三"呢？

* 人本主义

首先跳出来唱反调的是人本心理学，也叫人本主义心理学。

人本主义，顾名思义，就是以人为本。按说人本主义的历史源远流长：希腊哲学家普罗泰戈拉就曾经说过"人是万物的尺度"；到了近代，欧洲文艺复兴运动的目的，就在于恢复人的价值与尊严；再到现代，理性与科学早已实现了这个目标。既然如此，为什么到了现代的现代，心理学家要重提以人为本呢？

当然有所指——人本心理学家的目的在于批判现代心理学的"前两势力"。

它对行为心理学不满，基于两点理由：

第一，行为主义用动物实验来预测人的表现——在人本主义看来，这贬低了人的行为。

第二，行为主义用行为来解释人的意识——在人本主义看来，也不现实。心理学家弗洛姆写道：行为主义的困境正在这个地方，它没法说出没有说出的信息。他举了个例子：两个父亲各打了小孩一个耳光，我们看到的表情可能是涨红了脸，但因为无助而脸红，还是因为愤怒而脸红？表情背后的意识，行为主义无法解释。[7-1]

而它对弗洛伊德不满，也基于两点理由：

第一，弗洛伊德用动物本能来解释潜意识——在人本主义看来，这贬低了人的意识。

第二，弗洛伊德过度强调了个人——在人本主义看来，也忽视了社会的重要性。弗洛姆写道：在探寻人的感情和欲望的基本动力时，弗洛伊德在"力比多"中找到了这种基本动力，但这种生物本能绝不是人内在的最强大的力量，这方面的挫折也不是精神错乱的原因。推动人的行为的最强有力的力量，来自人类生存的环境，即"人类处境"。[7-2]

既然心理学的主流都有问题，人本心理学就提出了自己的纲领。人本心理学的创始人心理学家亚伯拉罕·马斯洛，在不同时期提出过三条主要纲领：自我选择、自我实现、自我负责。请不要仅仅把它们当作口号——人本主义虽然擅于提出鼓舞人心的口号，可口号之间也是有逻辑的。

首先是自我选择。

人本主义强调人的自由意志，作为人本心理学的起点。自由意志的前提是承认意识，而不像行为主义那样只讲行为、不讲意识。心理学实验证明，连动物都有自由意志——猪喜欢探索周围环境，鸡会选择健康的食物——何况人呢？人类更应该"自我选择"，从每时、每刻开始。

其次是自我实现。

自我选择总不能胡乱选择吧，自由意志的目标何在呢？这就涉及人的动机。马斯洛强调：人的动机在于满足高级需求，而不像弗洛伊德描述的那样仅仅满足于本能。马斯洛总共列出了七种需求，其中前四种属于基本需求——生理需求、安全需求、爱与归属需求、尊重需求；后三种属于高级需求——认知需求、审美需求、自我实现的需求。在人本主义看来，每个人在满足了基本需求之后，都要追求物质世界以外的理想——出于人类"自我实现"的动机。

最后是自我负责。

自我选择、自我实现，结果一定就好吗？人本主义的回答是：首先，人性本善并且每人都有健全的良知，因此结果趋向于好；其次，不管结果好与不好，我们都应该"自我负责"。

可对谁负责呢？是让自己满意叫负责，还是让社会满意叫负责？这倒有些内部分歧，一部分人本心理学家解释为只对自己负责，比如马斯洛认为自我实现就要在某种深刻的、意味深长的意义上抵制文化适应；[7-3]另外一部分人本心理学家对自我的社会意义负责，强调个人对社会的贡献。

可以看出，人本心理学的确既不同于行为心理学，也不同于弗洛伊德的心理学，因为它既不强调行为，也不强调潜意识，相反它强调意识——以人为本的意识。这是它自称"现代心理学的第三势力"的理由。

* 人本疗法

人本主义在心理治疗中的应用，就是人本疗法。主要实践者是心理医师卡尔·罗杰斯。

罗杰斯的人本疗法有两条主要原则：

第一，以来访者为中心，在实践中意味着平等。传统的心理治疗，医师是绝对权威的，病人是绝对服从的。而罗杰斯建议，既不要把医师当作医师，也不要把病人当作病人。理由是：态度平等意味着良好的气氛，而良好的气氛是治疗成功的关键。罗杰斯强调医师应该理解病人的感受：如果我们感觉自己的食物被下了毒，或者我们的敌人正在反对我们，我们也会有同样的方式和行为。[7-4]甚至在罗杰斯看来，医患平等还不够，最好反过来——病人优先。这是"以来访者为中心"的由来。

第二，**非指导原则**，在实践中意味着倾听。这让我们想起，精神分析中也有倾听，但除了倾听，还有处理和分析的步骤。而到罗杰斯这里变成了只有倾听，除了倾听，顶多简单重复下病人的话。比如病人说"我很讨厌我的家人"，医生或者不答，或者简单重复"嗯，你很讨厌家人"。因此，有些批评者把罗杰斯的治疗形容为"嗯哈疗法"。这是非指导原则的由来。

我知道，罗杰斯的做法常常让人很难理解。倒不是因为它太复杂，而是因为它太简单，简单到大家都会问：这也算一种疗法吗？还号称人本疗法？让我来解释一下罗杰斯为什么这么做。

问题一，为什么罗杰斯不像精神分析那样"处理"呢？因为他强调"非指导原则"，因此没什么需要处理的。

问题二，为什么罗杰斯不像精神分析那样"分析"呢？因为他不承认潜意识中的"本我"，因此没什么需要分析的。

问题三，是不是"医师什么也不做"呢？虽说中间过程不止于此，可"什么都不做"正是罗杰斯想要的最终结果！

人本疗法的逻辑在于：生命天生具有追求幸福和健康的倾向。罗杰斯说，在每个有机体中，在任何程度上，都有一股向着建设性地实现它内在可能性的潜能……任何一个生物，不管是一株草、一棵树、一头狮子，还是一个人，只要他（它）被赋予了生命，就会表现出一个明显的生长、发展、活动的趋势，一种求生存、求强大、求茂盛、求完满的趋势。

草木如此，人亦然。罗杰斯时常引用老子的名言：致虚极，守静笃，万物并作，吾以观复，夫物芸芸，各复归其根。别说，我还真觉得他深得老子之道：老子什么也不做是为了看自然，看草木自由生长；罗杰斯什么也不做是为了看病人，看病人自由成长。就像一般人看不懂老子那样，罗杰斯也常常不被人理解——两人表现出的"无为"其实同理。

问题四，既然生命这么旺盛，如何解释人还会生病呢？罗杰斯的回答是：这不是个人的原因，而是环境的原因——压抑来自社会和文化。并且他认为，即使生病了，病人的生命力同样有效。下面是他列举的一个鲜活的例子：

"记得童年时代，我们把冬天要吃的土豆放在地下室的储藏箱里，地下室上方不远处有个小窗户。这种环境不利于土豆的生长，但土豆总会发芽——淡白的幼芽，与春天播种在土壤里的绿芽完全不同。但是这些幼芽会伸向窗外远方的光线……在最恶劣的环境下，它们依然尽力实现自己，即使生命无法繁茂也不会放弃。在面对生命被扭曲的来访者时，在面对重返医院的人们时，我常常想起那些土豆芽。"[7-5]

问题五，既然病人可以自愈，那还要医生干吗呢？在人本疗法中，医生的作用在于帮助病人排除压抑与障碍，重新恢复自由生长。因此并非真的"什么也不做"，相反要做的事很多，只是做的目的在于最终"什么也不做"。

虽然道理那么充分，人本心理学却并没有从根本上改变现代心理学。罗杰斯自己也坦承，心理学主流认为该学派具有相对较小的重要性，原因何在？

对人本心理学的批评，集中于它的理论无法实证。与弗洛伊德的潜意识相比，自我选择、自我实现、自我负责距离科学的定义更远。

而对人本疗法的批评，集中于它解决问题能力不够。就连人本心理学家也批评人本疗法。弗洛姆说：自由联想很快变了质，没有导致被禁锢的思想的表达，而是变成了毫无意义的喋喋不休。有些心理治疗学派更把分析者降低为富于同情心的倾听者，只用稍微不同的表达重复病人所说的压力，根本不做任何解释。[7-6]弗洛姆没挑明这种现象背后正是罗杰斯的原则——病人为中心，医生非指导。

既然人本心理学不足以改变现状，那另一个"第三势力"就崛起了。

*认知革命

第二个出来唱反调的是认知心理学。

与人本心理学一样，认知心理学既反对行为主义，又反对弗洛伊德。并且它们都从意识入手，只不过如果细分意识，前者着力于人的动机，而后者着力于人的认知。

所谓认知，就是知觉、注意、记忆、思考的统称。

首先认知不同于潜意识。我们在知觉什么、注意什么、记忆什么、思考什么，显然属于我们能意识到的部分。

其次认知也不同于行为。这看似大白话，可问题在于：认知心理学承认行为，而行为心理学不承认认知，因此前者讲"认知不同于行为"，后者讲"一切都是行为"。

这么重要的认知，却被现代心理学主流长期忽视，是有原因的。

如果各位回忆一下，这已经不是我们第一次谈认知了。最早的心理学都在一定程度上涉及认知：冯特和铁钦纳测量感觉和感受，格式塔心理学强调整体意识，詹姆斯强调意识流。但在与行为主义的竞争中，这三个学派都消失了，认知也从心理学中消失了很长时间。现在何以能复活？

契机在于信息技术的发展。

先从通信技术的发展，心理学家联想到：人的认知不也属于信息加工吗？如果细分认知的流程：知觉意味着把信号编织为符号，注意意味着对符号的选择，记忆意味着符号的储存，思维意味着符号的运算。由此，认知心理学家布鲁纳推论：知道是一个过程，不是一个结果。[7-7]

又从电脑技术的发展，心理学家联想到：人脑不也类似电脑吗？1950年，数学家阿兰·图灵出版了《计算机与智力》一书，将人脑比喻为井然有序的机器。1954年，心理学家西蒙和纽厄尔发表了《象棋机

73

器，通过适应解决复杂问题》，将人脑下象棋的步骤模拟为电脑运算。

再从网络技术的发展，心理学家又联想到：大脑内部不也类似网络吗？

可光有通信、电脑、网络的模型还不够，还要有方法才行。

如何客观测量认知呢？说实话，无法保证。因为只要测量意识，就无法不主观。但改进是可能的，认知心理学常常采用口头报告法：比如在下棋时，实验者被要求大声说出"我在知觉到上一步，我在注意到这一步，我在记忆前两步，我在思考下一步"。这显然是内省法的回归。

好在对内省法反应最激烈的批评者华生，也曾承认语言是可以观察的对象，并留下一句名言：说是一种正在进行的行动，也就是说，它是一种行为。[7-8]既然科学正统性的鼻祖都背过书，那么心理学界也勉强认可了口头报告法。

既有了模型，又有了方法，认知心理学就摆脱了之前的阴影，蓬勃发展了起来，今天它已经成为实验心理学的重要一支。这是认知心理学自称"现代心理学第三势力"的理由。

从更广阔的角度看，认知心理学只是声势浩大的认知革命的一部分。心理学家从自己的角度出发，往往把它们画等号，其实不妥。认知革命不仅涉及心理学，而且涉及众多学科，甚至我以为它涉及整个人类。为什么说得这么夸张呢？认知革命有两大产物：一是认知心理学，二是目前热得不能再热的人工智能。不仅两者流程相反——前者是人脑模拟电脑，后者是电脑模拟人脑；更值得警觉的是两者目的相反——前者是为了帮助人、帮助心理，后者是为了取代人、取代心理。难道这还不算攸关人类和心理学命运的大事吗？

*认知疗法

认知心理学对应的心理治疗就是认知疗法。

虽然都叫"认知"，说实话，两者关系不大。可以想象，认知心理学家致力于化人脑为电脑，就像无数的电脑男、电脑女那样，无暇顾及外面的心理治疗界发生了什么。但两者也并非完全无关：认知疗法也是在认知革命的呼声中才发展出来的，同样强调认知的作用。

有几位心理医生对认知疗法做出了贡献。

第一位是阿尔伯特·埃利斯，他是认知疗法最早的实践者。[7-9]

埃利斯提出了广为人知的 ABC 理论，用 A、B、C 三个字母代表认知中的因果关系：A 代表外界的诱发因素，即不幸事件；B 代表对该事件的认知，即大脑的解释；C 代表该事件引起的结果，即情绪和行为。

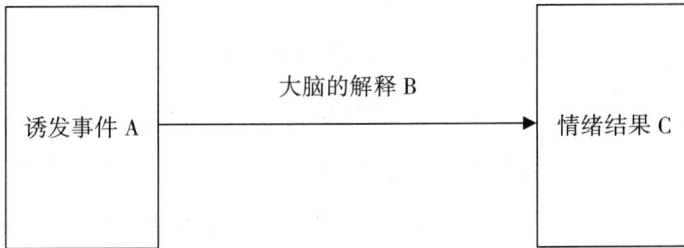

认知疗法的 ABC 理论

公式简单明了地指出了认知的意义：在心理治疗中，人们往往把原因直接归咎于外界（A），而忽视了错误认知（B）在里面所起的解释作用。

为什么错误认知会让人发狂？埃利斯列举了一个形象的例子：比如病人认为自己是一只袋鼠，感觉自己就是，而且围绕着家具像只袋鼠跳个不停，这些都无法证明病人真的就是袋鼠！[7-10]而心理治疗的关键，就在于纠正错误认知。

埃利斯的学说谈不上高深，但为认知疗法开了一个讲求实效的好头。

下一位是心理医生艾伦·贝克，他试图把认知疗法的流程"科学化"。

我们知道，精神分析法虽然有流程，但随意性很大，因此常常面临"非科学"的指责，事实上贝克认同这种指责，并希望认知疗法能避免指责。

难道心理治疗还真能变为科学不成？没错，贝克决心把诊断过程和治疗过程表格化和数据化。为了客观评估来访者的病情，贝克制定了贝克抑郁问卷、贝克绝望问卷、贝克焦虑问卷、贝克自杀意念问卷。在问卷的基础上，贝克又制定了评分系统。落实到治疗中，贝克先用问卷和评分诊断，再用问卷和评分跟进。

好的方面是，贝克的数据化努力提高了认知疗法的可信度和透明度：心理治疗不再仅仅是文字化的描述，而变成了数据化的跟踪分析。贝克说：不要相信我，试着检验我。所幸贝克的数据检验证明：认知疗法确实对抑郁症有效。这让认知疗法在心理学界赢得了难得的尊重。

不好的方面是，就像所有的科学一样，贝克问卷和评分让心理治疗变得异常烦琐。过去用一个疑问句来诊断的问题——"你感到抑郁吗？"或"你感到焦虑吗？"——现在都需要用近百个问题才能完成。再到复诊的时候，过去一句简单的"你好些了吗？"现在也要重新填写问卷。

经过不懈的努力，贝克终于把自由发挥的艺术变成了严谨枯燥的科学！

最后一位是英国心理学家保罗·萨科夫斯基斯。他创立了"认知行为疗法"。

说白了，这是认知疗法与行为疗法相加。比如，他首先纠正患者的非理性思维，然后采用脱敏疗法成功缓解了强迫症。在今天的心理治疗中，行为认知疗法已经成为普遍采用的方法。

* 小结

通过前面的章节，我们介绍了心理学从古到今的发展，也介绍了四种心理学和对应的心理治疗。它们分别是行为心理学和行为疗法、弗洛伊德心理学和精神分析法、人本心理学和人本疗法、认知心理学和认知疗法。

还有更多心理学派吗？

太多了，多到数不胜数。

仅仅在心理治疗领域，就还有如互动疗法、阿德勒疗法、格式塔疗法、家庭疗法、女权主义疗法、自然疗法、存在疗法、现实主义疗法、后现代主义疗法等众多流派。其实它们的情况与人本疗法和认知疗法类似：都强调比行为疗法和精神分析更人性化的某一方面。每一学派都可能自称现代心理学的第五势力、第六势力、第 N 势力，但都不可能极大超出我们所介绍的现代心理学框架。否则的话，它们就不是现代心理学了。

如果要问：所有这些现代心理学学派——主流和支流都包括在内——有什么共同点吗？

按说现代心理学如此庞杂，这本应该是个很难回答的问题才对，但我们还真找到了答案：**不管别人承不承认，所有学派都宣称自己立足于科学！**

我们就此驻足，向科学的心理学致敬，向各位心理学大师致敬，更向心理学永无止境的批判精神致敬。今天我们得以在此谈论心理学，何尝不是站在巨人的肩膀上？

在致敬之余，我想继承前辈们的科学精神和批判精神，对现代心理学做一点——**质疑！**

8. 真科学、伪科学及中间地带

——心理学的定义问题

当我们谈到现代心理学既不足以也不愿意解决心理问题的困惑时，留下了疑问：高智商的心理学家，怎么会让这种情况发生呢？

现在答案揭晓了：一切以科学的名义。

为了科学，心理学的方向变得很复杂——从单纯的心灵道理，演变为基础研究、行业应用、心理测试的万花筒。向上的分散，无疑冲淡了它解决心理问题的兴趣。

为了科学，心理学的方法变得简单——从神话、宗教、哲学、道德、科学的多管齐下演变为只剩下科学。方法上的减少，无疑限制了它解决心理问题的能力。

看来我们困惑的根源在于科学。

有人会说：这等于没说啊，你刚刚论述了现代心理学如何成为科学，现在又指责科学造成了问题，不是很矛盾吗？

首先请注意，"现代心理学是科学"不是我的论述，而是冯特、华生的论述，我的论述还没开始呢。

其次请放心，本书是要解决问题的，否则它就没有存在的必要。为了对症下药，我们还是要从根源入手：**现代心理学以科学为定义，是否真的无可置疑？**如果先说结论的话，我以为：第一定义不清，第二定义不对。

在开始论述之前，我想先预警下：本章难读。对普通读者来讲，它太烧脑，烧脑到没它也行；对专业人士而言，它又太重要，重要到没它还不足以说明问题。如果各位的大脑接受挑战的话，我们就开始吧。

* 真心理学总被误解？

为了反证"定义不清"的现实，先回答下心理学家的两点困惑。

奇怪，心理学家也有关于心理学的困惑吗？没错，一个常见的问题是：为何真心理学总被误解？[8-1]

君不见，"解梦心理学""识人心理学""把妹心理学"等通俗心理学的流行，把心理学变成了一个万能万用的形容词，而不再是一个需要定义的名词，让公众难以想象真正的心理学是在实验室中测量行为。心理学家抱怨：大众不了解现代心理学……

问题出在哪里？

一位学者写道："大众不了解现代心理学已经在科学的路上走出了很远很远。"[8-2]这倒没错，但只是对事实的描述罢了，还算不上对问题的回答。

另一位学者写道："某种既得利益阻止大众了解现代心理学。"[8-3]存不存在这种可能呢？当然存在，可如果把所有情况归类于此，则有失偏颇。至少本人就不属于这种情况，相反，我是抱着对现代心理学的极大好感来写本书的。何况心理学家一向以理性包容为怀，怎么能一遇到批评自己的人，就推测为利益冲突呢？这顶多算自我安慰，也算不上对问题的回答。

而我以为，问题出在语言。

公平地讲，一方面我们不能说大众对"心理"二字的理解错了，因为自古至今，心理都被理解为心灵的道理；另一方面我们也不能说心理学的定义错了，因为如何定义是心理学家的权利——出于正当的考虑，他们把现代心理学先定义为科学，进而定义为行为。可问题是：人们一听到"心理学"几个字，自然联想到心灵的道理，有谁会联想到行为呢？这种语言理解上的歧义，造成了双方的困惑！

因此为心理学家解惑：公众总误解真心理学，并非出于无知，而是难料它名不副实——以心理之名，行行为之实！

对于我的解释，心理学界未必反对，只不过一种反应是把过去的责任推给大众：这不正说明公众不了解现代心理学吗？言下之意，日常语言错误，而学术语言正确。如果追责的话，我还真要为大众免责，因为总有个先来后到吧——"心理"二字在先，"心理学"三字在后，"现代心理学"五字更后——更有"心理"二字解释权的，当属日常文字的使用者！

学界的另一种反应是把未来的任务推给大众：现在我们说明什么是现代心理学，请大众立即转变观念。言下之意，把过去的"心灵之理"变为现在的"行为之理"，不就清楚了吗？听起来有理，实际上仍然没理。要知道文字的含义，绝非一经说明就能立即转变的，它沉淀在艺术、哲学、宗教、文学中，经过很长时间才能建立，也要很长时间才会消失。试问，当我们读小说、看电影、听讲演的时候，"心"字的含义改变了吗？没有。"理"字的含义改变了吗？没有。加起来，人们对"心理"二字的理解也不会改变，并预期心理学的含义与之相符。

其实无论我的解释通过与否，都不影响本章的主题：假如心理学的定义清楚的话，这种困惑就不该出现。

* 伪心理学总被相信？

为了继续反证"定义不清"的现实，再回答心理学家的另一点困惑：为何伪心理学总被相信？

君不见，随着心理学的流行，伪心理学也在流行。比如有人把星座、血型、算命、观相等都宣传为心理学，以误导公众的手法吸引着公众的眼球，却从来不乏眼球。心理学家抱怨：公众总相信伪心理学……

对于这种危害社会、危害心理学的危险倾向，著名心理学家布莱尔思、道斯、斯坦诺维奇等都曾经激烈抨击。我对他们的正义感与责任感，由衷地钦佩与支持，只不过站在同一阵线的我，希望明确下抨击的目标：什么是"伪"心理学。

初看起来问题不复杂："伪"既非一个哲学概念，亦非一个科学概念，而是一个语言概念。

什么叫"伪"？

伪装。明知自己不是而宣称自己是，算伪装；明知故犯，算伪装；如果一位魔术师明知魔术为假却宣称为真，这叫骗人，这叫伪装。

按照这种定义："伪心理学"就是伪装成心理学而不是心理学的东西；"伪科学"就是伪装成科学而不是科学的东西。

现在复杂的来了：真伪与意图有关，与结果无关。想想是否如此？真实的各位未必喜欢，伪装的各位未必讨厌。

什么不叫"伪"？

首先，实话实说不算。比如上面这位魔术师声明"仅仅是魔术"，当然不算"伪魔术"，他并没有虚假宣传，只是在描述实情。

其次，彼此误解不算。 生活中这种情况比比皆是，假如你真心搀扶老人，老人却真心认为你撞到了他，我们能称你为"伪助人者"吗？不能，你一片好意却遭误解。

最后，无心错误不算。如果把任何失误都称为"伪"，那么最大的受害者当属最"反伪"的科学家们，因为他们在历史上犯错最多：亚里士多德曾以为心脏在思考，牛顿曾致力于炼金术，两人都坚信自己做的是科学，后来都被证明很不科学。我们能因此称亚里士多德为"伪心理学家"，称牛顿为"伪科学家"吗？不能。

所以，我们可以称某事为真理或谬误，也可以称某人为革命或反动，但我们不能随便称对方为"伪"。

对心理学来讲，更复杂的来了：我们深恶痛绝的"伪心理学"大都经不起推敲——至少未经审判就被定罪。

以心理学家最排斥的星相学为例吧：它算不算"伪心理学"呢？未必。

我们先看看彼此无关的可能。

情况一，比如某位星相学家声明"星相学不是心理学"，那连心理学都谈不上，"伪"心理学就更谈不上了吧。

情况二，这位星相学家虽未声明，却未提及心理学，那即使被惯性思维贴上"伪"心理学的标签，也仅仅算彼此误解吧。

我们再看看彼此相关的可能：如果这位星相学家声称"星相学是心理学"呢？这与"伪心理学"近了一步，不过结论还是未必。

情况三，他认为自己做的是心理学，并且星相学确实是心理学。虽说这超出了目前的公论，但公论就永远正确吗？只要有万分之一的可能性发生，这位星相学家就在实话实说。

情况四，他真心认为自己做的是心理学，其实星相学不是心理学。人们可以批判他不对，却不能指责他欺骗，因此属于无心错误。

情况五，他不认为自己做的是真心理学，却声称自己做的是真心理学。在所有的可能中，只有这种才算明知故犯，才算具备欺骗意图——还不能假设，只有证明这点，我们才能称其为"伪心理学"。

之所以我列出诸多的可能，不是为了制造混淆（混淆无须制造就在那里），而是为了说明一点：即便对星相学这等离奇的学说，也不要随意扣上"伪心理学"的帽子，并指望一棍子打死。无数事实证明，这样打也打不死。

有人质疑情况三、四并不存在：星相学明明不是真心理学啊！那我要反问：真的吗？什么是真心理学？

因此为心理学家解惑：公众总相信伪心理学，并非出于迷信，而是真伪难辨——心理学家狂轰滥炸"伪"，却尚未明确"真"！

或许这一节未必解释了，反而增加了心理学家的困惑，可同样不影响本章的主题：假如心理学定义清楚的话，这种困惑就不该出现。

* 真科学、非科学、伪科学

在两次反证之后，让我们从正面看看：定义哪里不清。

有人会说：现代心理学定义很清楚啊——它就是一门科学！情况恐怕不那么简单，我们要回答两个问题：第一，什么是科学？第二，弗洛伊德的学说是不是科学？

关于科学的定义，难免涉及一些专业知识，现代哲学中有一门分支叫科学哲学。在这门著作浩瀚的分支中，就"什么是科学"这个简单话题，哲学大师们已经争论了一百多年，目前还在进行中。综合大师们的观点，我们将科学观的演变分为"有标准"和"无标准"两类。

I. 有标准的科学

按通常的说法，近代科学从 16 世纪科学革命开始，至 20 世纪初学科分类成型，这中间的几百年可谓科学史上辉煌的一页，从伽利略到牛顿都是其中的代表人物。那时人们普遍假设：科学以客观规律为标准，真实不虚。本书把由此衍生的科学观称为"有标准的科学"。

如何发现客观规律呢？

先有了科学的方法，即观察。伽利略提出的惯性定律来自对天体运行的观察，牛顿提出的万有引力定律来自对落体的观察。（传说是苹果，实际是天体）

后有了科学的定义，即"实证"。实证也叫证实。我们已经知道实证主义的原则：能被观察证实的理论是科学；不能被观察证实的理论不是科学。随着实证主义的发展，科学家们对观察的要求越来越严格：只有客观的、普遍的、可控的才被接受，而主观的、个例的、不可控的则被排除，但总的实证原则未变。

在进入现代后，科学的定义发生了重大修正。一位逆向思维的天才、英国哲学家卡尔·波普尔提出：科学要证实，更要证伪。

何为证伪？

即科学是可能出错的理论，反之，永远正确的理论不是科学。科学理论目前看当然是对的，但要有以后被观察证明为错的可能性。因此"能证伪"仅仅是未发生的可能性，以下简称"证伪"。

如果你发现上面的话难懂，并非你有什么问题，而是所有人都觉得难懂——与证实原则符合直觉相比，证伪原则超出直觉，我们还是举例说明为好。

比如"灵魂存在"或"灵魂不存在"，能被证明吗？不能，我们既无法证明其对，也无法证明其错，因此毫不奇怪，它们不是科学。

不过这个例子还太简单，因为仅凭"不能证实"一点，就足以判断该理论不是科学。那有没有"能证实"的两种理论，一种能证伪，因而是科学；另一种不能证伪，因而不是科学呢？

有。

波普尔比较了爱因斯坦的学说和达尔文的学说。

他认为爱因斯坦的学说是科学，理由是它可以证实、证伪。比如根据爱因斯坦的理论，经过太阳旁边的宇宙光线会被太阳引力弯曲，因此爱因斯坦预测：当发生全日食的时候，人们可以从地球上观测太阳附近星光的位移，结果在 1919 年 5 月日食之际，被英国观测队在巴西的观测所证实，世人皆大呼神奇。可在波普尔看来，真正的神奇不在于证实，而在于爱因斯坦在之前对证伪的暗示：假如人们观测不到上述现象，则广义相对论将是站不住脚的。[8-4]波普尔由此感慨：这是真正科学的态度。爱因斯坦的理论是科学，正因为它可能出错！

相反，对同样广受尊重的达尔文学说，波普尔同意进化的事实是科学，但认为"适者生存"这句话并非科学，理由是它可以证实，无法证伪。何以见得？我们能看到的适应者，都生存也都适应环境了；相反我们看不到的生物，既然没能生存下来，人类就无从观察它们是否适应环境——无从观察，就无从证伪"适者生存"的理论。波普尔由此感慨：这不是可检验的科学理论，而是形而上学的研究纲领。[8-5]恰恰因为"适者生存"永远合理，所以它不是科学！

各位已经看出，波普尔能这么想，他的神奇一点儿也不亚于爱因斯坦，更让达尔文不再神奇！

作为证伪原则的创始人，波普尔花了大量精力向旧体系宣战——强调"证伪"优于"证实"。可在实际应用中两个原则并不矛盾，加起来，它们共同确定了科学的边界。如果把证实、证伪作为条件，我们可以看到四种组合：

组合一：能证实、能证伪；

组合二：能证实、不能证伪；

组合三：不能证实、能证伪；

组合四：不能证实、不能证伪。

其中组合一是科学，而组合二、三、四不是科学，那是不是伪科学呢？也不是。它们或者无法证实，或者无法证伪，却并无欺骗意图，我们统称其为"非科学"，作为真科学与伪科学之间广阔的中间地带。理解了这点，各位就会发现上一节中的混淆，大都源自"非科学"的范畴。

简述有标准的科学：以客观规律为标准，最终定义是证实、证伪。

II. 无标准的科学

波普尔修正了科学的定义，却仍然承认科学以客观规律为标准。与他同时代的另一些科学哲学家们，则忙于颠覆科学的标准，新思潮是：科学不再以客观规律为标准、不再真实不虚。本书把由此衍生出的科学观称为"无标准的科学"。

对受科学教育长大的各位来讲，我知道上述颠覆听着就像个"伪命题"：科学还会不客观、不真实吗？说来奇怪，正是科学的进步否定了科学的标准。

作为现代物理学一系列重大发现中的一件，1927 年德国学者海森堡提出了"测不准原理"，基于"测不准现象"。即在微观条件下，人们不可能同时测量位置与速度：测准了位置，就测不准速度；而测准了速度，又测不准位置。怎么回事呢？除海森堡之外，近代物理学大师波尔、爱因斯坦都加入了讨论，他们对此的解释，既包括外在因素——观察者对观察的影响，也包括内在因素——物质本身的波粒二象性：前者说明观察不再客观，后者说明观察不再准确。一句话：观察不再真实。

这无异于摧毁了长期以来人们对科学的基本假设：科学要发现客观规律，前提是观察准确、客观。比如我们要证明牛顿的万有引力定律，那就要假设：一是我们观察的"万物"准确、客观；二是我们观察的"引力"也准确、客观。否则的话，如何确定"万有"与"引力"之间的关系呢？

继观察的真实性之后，理论的严谨性及实验的独立性，又被亨普尔及奎因等人证明并非绝对。随着科学的三个基础环节——观察、理论、实验都动摇了，"科学的标准"就无从谈起了：客观规律即使存在，也无法被准确测量；即使可以被测量，也无法被准确命题；即使可以被命题，也无法被准确检验！[8-6]正如一百年前尼采预言的那样：**没有事实，只有解释**。

There are no facts, only interpretations.（*Daybreak*）

结果，虽然听起来奇怪，现代科学的终极趋势悄悄发生了变化：从物理学到生物学再到心理学，科学家们已逐渐放弃追求绝对真实的科学，因为它无法实现！

缺少了"事实"这个参照物，该如何定义科学呢？

说实话已经很难。倒不是因为定义太少，而是因为定义太多。想想看，不客观的定义，意味着主观的定义；而主观的定义，意味着无数的定义。

在众说纷纭之中，比较常用的有两种：

先有约翰·杜威倡导的"工具主义"原则——以实用价值为判断依据。在《哲学的改造》一书中，杜威以工具比喻科学的本质："工具既不是真的，也不是假的，真假均不是判断的特征；工具往往是有效的或无效的，适当的或不适当的，经济的或浪费的。"[8-7]这等于把科学定义为个人的约定。

后有托马斯·库恩倡导的"科学共同体"原则：以科学家的同行评议为判断依据。在《科学革命的结构》一书中，库恩把科学进步描述为"科学共同体做出一系列新的承诺，建立一个科学实践的新基础"。[8-8]所谓科学共同体（Scientific Community），就是拥有共同理念的科学家的集合。其共识就是集体约定（Group Commitment），而形成共识的过程俗称同行评议（Peer Review）。这又等于把科学定义为集体的约定。

其实无论哪种约定，共同点在于人为约定。显然与"科学"一词的最早含义相比，"无标准的科学"已经面目全非，这就是它虽为真命题，却像伪命题的缘故。

简述"无标准"的科学：科学与非科学再无明确区分，它们都主观，只不过主观程度不同罢了。

回到我们的话题：现代心理学宣称自己是科学，究竟指的是哪种科学呢？不外乎三种选择，它们都从不同角度证明了定义不清的问题。

选择一，如果采用"无标准"的科学定义，那现代心理学等于接受了定义不清的现实。这样做的心理学家很少，因为那只会让谈话无法继续，甚至"科学"一词用与不用已无关紧要。如果有朋友不认同这点的话，请考虑下：星相学算不算科学？如还不够的话，请再考虑下：怎样的理论才必然不算科学？

选择二，如果混用"有标准"与"无标准"的科学定义，那不仅定义不清，甚至定义矛盾。比如某些科学的捍卫者以为要求越多越严格，一方面坚持心理学要证实、证伪，另一方面又坚持心理学要"科学共同体"的认可，虽说出于好意，却混淆了真理的标准：或者你相信"自然规律"的存在，那真理等着你一个人去发现，你不需要任何人的认可；或者你相信"科学共同体"的认可，那无异于把主观凌驾于客观之上，等于否定了真理的客观存在！

选择三，如果仍采用"有标准"的定义，我以为这是最现实的，也是大多数行为心理学家仍坚持的判断标准：证实、证伪。按照这种定义，什么是科学倒很清楚，可我要说现代心理学的科学属性仍不清楚，因为我们面临下一个难题：弗洛伊德的学说是不是科学？

* 弗洛伊德算不算科学？

要维护现代心理学的严谨性，弗洛伊德的学说无疑是块试金石。

你说它是科学吧，明显不符合科学的定义。

首先，以现在的眼光来看，它的证实不算合格。原因在于，弗洛伊德不以实验为实证，而以治病为实证，因此：一、不够客观，都是自述；二、不够普遍，都是个案；三、缺乏控制，都是谈话；四、缺乏数据，都是描述。

更不合格的是它的证伪。波普尔在其所著《猜想与反驳》中一针见血地指出：弗洛伊德学说既可以说明一切，也可以说明相反的一切。比如一个人推小孩入水，弗洛伊德会解释为潜意识的压抑；可一个人从水中拯救小孩，弗洛伊德又解释为潜意识的升华。而弗洛伊德的弟子阿德勒（波普尔曾经在其诊所实习），会解释上面例子中的前一种情况为"自卑感而证明自己敢于犯罪"，又解释后一种情况为"超越自卑感而敢于救人"。[8-9]波普尔不无嘲讽地说：我不能设想，有什么人类行为不能用这两种理论来解释的……这个表面上的长处正是它们的短处。[8-9]短处就是：因为这种诡辩永远正确，所以它不是科学！

我们不由得为波普尔拍手叫好：要击败一位富于想象的天才，只能靠冷静异常的另一位天才。

既不能证实，又不能证伪，我们就很难把弗洛伊德的学说归类于科学。各位或许有所不知：以弗洛伊德的大名，他曾三十二次获得诺贝尔医学奖提名，均遭拒绝。[8-10]虽然原因从未公开，但我们要感谢诺委会三十二次捍卫了科学的定义！

可你说弗洛伊德不算科学吧，接下来的引申是：以其在现代心理学中分量之重，整个心理学算不算科学？你无法小看弗洛伊德在心理学界的影响力，他是心理学文献中被引用最多的人；你无法小看弗洛伊德创办的精神分析学会，它是心理学界中会员最多的分支；你无法小看弗洛伊德在公众心中的形象，他就是心理学的化身！

更严重的引申是：如果弗洛伊德不算科学，那么人本心理学和人本疗法算不算科学？格式塔疗法、家庭疗法、互动疗法等众多心理治疗算不算科学？认知心理学和认知疗法算不算科学？[8-11]所有"意识类"心理学，都面临类似的质疑！

这不仅是块试金石，还是块发烫的试金石！

现在我们知道定义哪里不清了：首先"科学"二字已经不清；其次

即便采用之前的定义，现代心理学的内容是不是科学仍然不清！

如何让定义清楚呢？

最简单的办法就是划清界限。国际心理学界只要明确两条就行：第一，现代心理学是科学，并且科学的标准是证实加证伪；第二，弗洛伊德以及一切不符合科学定义的学说，都不属于现代心理学。

这样做的好处是，所有的疑云都将消除。

首先，真心理学的定义明确了，行为心理学将被作为科学的心理学保留，"行为类"心理学会很高兴。

其次，非科学的定义也清楚了，精神分析学说、人本主义学说、大部分认知心理学、大部分心理治疗将被划分入非科学，"意识类"心理学也未必反对。

最后，对公众的信息明确了，公众虽然需要消化"心理学是行为学"，但迟早会理解。

可这样做的坏处是：现代心理学将承担难以承受的后果。

首先，心理学面临分裂，而且是彻底分裂。我们知道，心理学一半被行为主义绑架，另一半被弗洛伊德绑架。这让每一届的心理学会主席很难办，也将让每一位希望维护心理学团结的心理学家很难办。

其次，心理学将更名不副实。现在的心理学还不算完全名不副实，因为它既有行为一派，又有意识一派。可在排除意识后，"心理学"不如改名为"行为学"算了。从这个意义上讲，如果科学进行到底的话，终将消灭心理意义的心理学。

最后，公众对心理学的信心可能崩溃。因为在公众眼中，心理学应该是研究心理的、解决心理问题的，以弗洛伊德、阿德勒、荣格、霍妮、弗洛姆等人为代表。如果上述假设都不成立，大众就要重新评估心理学的意义。

对现代心理学界来说，这将是个双倍两难的选择：何谓双倍？关于科学要证实、证伪的要求，明确也好、不明确也好，现代心理学都会分裂；关于弗洛伊德的心理学，承认也好、不承认也好，现代心理学也都会分裂。

两害相权取其轻：现在的分裂，只是因定义不清而内部分裂，公众并不知情；可如果定义清楚的话，就会立即演变为内外分裂。怎么办呢？现代心理学界做了最容易的选择：保持沉默！

9. 说"不够",以用户的名义
——重新定义心理学

讲完了定义哪里不清,接着讲定义哪里不对。

说明一下两者的区别:"不清"可以澄清,而"不对"无法澄清。各位难免好奇了:什么性质的问题,会"不对"到这种程度呢?

* 对定义说不对

我以为,"心理学是科学",有违生命的本质。

生命有怎样的本质?

只要体会下当下的自己的生命,每个人都不难发现:

——生命是鲜活的,是活生生的灵与肉,不是数据、图标、分析。

——生命是自由的,是偶然的选择,不是必然的实验。

——生命是多样的,不仅是生理、心理,还是宗教、哲学、物理、化学等。

——生命是主动的,既需要描述问题、分析问题、预测问题,更需要解决办法。

说得通俗些,科学"配不上"生命。

如果我们把它当作"身心一元",生命就不可能是科学。即便我们把它分为"身心二元",生命也不完全是科学:其中科学的部分,是我们的身体,从这个角度看,人不自由;其中非科学的部分,是我们的心灵,从这个角度看,人又自由。至于笛卡尔遗留下的难题——自由与不自由的矛盾——恰恰说明，生命的本质不仅非科学，甚至非理性！

既然心理学与生命密不可分，结论是：科学有违心理学的本质。

公平地讲，**"心理学是科学"，不仅有违生命的本质，也有违科学的本质。**

科学有怎样的本质？

只要回想下我们学过的数理化公式，每个人都无法否认：

——科学是客观的。哲学家朗格曾批评神经科学为"没有灵魂的心理学"，批评它"把心理描述为腺体活动，把意识描述为大脑的分泌物"。但主观本来就不是科学的态度。

——科学是简单的。伽利略说："我能够计算天体的运行，却无法计算人类的疯狂。"爱因斯坦说："宇宙不难理解，最难理解的是人类的爱。"但复杂本来就不是科学的特性。

——科学是冷冰冰的。歌德曾感慨道："亲爱的朋友，一切理论都是灰色，唯有生命之树长青。"但生活本来就不是科学的内容。

——科学以求知为目的。虽然本书批评现代心理学不愿意解决问题、不足以解决问题，但解决心理问题本来就不是科学的目标。

说得通俗些，生命也"配不上"科学。既然心理学与生命密不可分，结论是：心理学也有违科学的本质。

如此看来，**科学没错，心理学也没错，错在不该把两者相配。**就像他与她原本并不般配，却被冯特这位封建家长硬拉到一起，结为封建婚姻。

不般配在哪里呢？如果深究"心理学是科学"这句话，其实类似"身心二元论"的矛盾：

这句话的主语"心理学"＝自由意志

这句话的宾语"科学"＝自然规律

合并到一起，"心理学是科学"意味着：自由意志＝自然规律。

一个自由，一个不自由，不冲突才怪！这才是真正的"定义不对"，因为不管怎么澄清，本质上都不对！

＊对大师说抱歉

那心理学大师的定义呢？难道也错误不成？

的确如此。

听起来虽然有点狂妄，本书只是就事论事罢了。

先看看大师冯特的定义。冯特定义现代心理学为"科学"，可又同时定义"对意识进行准确描述是实验心理学的唯一目标"。[9-1]这两句话前后矛盾，就像行为心理学指出的那样：意识不可能成为真正的科学，真正的科学不可能以意识为目标。所以说：冯特的定义不对。

再看看大师詹姆斯的定义。詹姆斯定义心理学为"精神生活的科学"。[9-2]这句话简洁地融合了冯特的意思，也简洁地融合了冯特的矛盾，它的问题与上面的问题相同：精神即意识，意识不可能成为真正的科学。所以说：詹姆斯的定义也不对。

最后看看大师华生的定义。华生说：心理学的目标是行为的预测与控制，心理学完全是客观的、以实验为基础的自然科学。[9-3]这两句话本身倒没错，问题是它符合了科学的本质，却不再符合生命的本质。行为科学是精确而不自由的，相反，生命本质是不准确而自由的。所以说：华生的定义还是不对。

现在如果你仍然觉得本书狂妄的话，我只好说：人归人，事归事，本人对大师们的景仰是真实的，大师们的错误也是真实的——唯有说声抱歉，结论才能完整：现代心理学"定义不对"。

*心理学不是科学

好，现代心理学定义不清、定义不对，怎么办呢？

重新定义。

有的朋友正好质疑：你有更好的选择吗？言下之意，如果没有的话，那即使现在的不清、不对，也算最好的定义了。问题是，我还真有更好的选择！

我以为：心理学就不是科学！

请注意，这里说"心理学不是科学"，不等于"心理学是非科学"，只是说"心理学不全是科学"。就好像某位哲学家定义"地球是水构成的"，我反驳说"地球不是水构成的"，不等于"地球没有水"，只是说"地球不全是水"。

因此我们不要走极端：把心理学等同于科学是一个极端，把心理学等同于非科学是另一个极端。真正的心理学，在我看来，是科学与非科学的组合。

即：**心理学＝科学＋非科学。**

虽然听起来很简单，可与划清界限或保持沉默相比，重新定义的选择将令现代心理学界更难接受。为什么呢？无数前辈经过一百多年的努力，才让世人接受"现代心理学是门科学"，能这么容易就推翻吗？

或许有人质疑我们是否又回到了起点——原始心理学不就包罗万象吗？本书回到定义的起点不假，却并未回到心理学的起点：原始的心理学中没有科学，而新的定义中明确包含科学。我以为之前的心理学并非浪费：一百年前从非科学转向科学，带来了心理学的一次飞跃，而一百年后恢复科学与非科学的平衡，将为它带来另一次飞跃。现在不是要复辟，而是要进步！

更有人质疑这是否有理、是否有益。"有理"已经讲过了——生命的本质是理，科学的本质是理。那"有益"呢？我以为对现代心理学的发展，新的定义益处有三：

首先，它的性质清楚了——既是科学，也是非科学。事实上，现代心理学迟早要面对现实：定义不清已经造成了足够的混淆。与其把头埋在沙子里，为什么不站出来承认心理学本来就有两种属性呢？这样的话，"心理学家对公众不理解的困惑"就会消除。

其次，它的内容正确了——既包括行为类，也包括意识类。事实上，现代心理学无法回避公众的预期：除了心理学家自己设置的预期外，没什么人预期"心灵的道理"必须是门科学。与其画地为牢，为什么不让心理学回归大众、回归生活呢？这样的话，"公众对心理学难理解的困惑"也会消除。

还有，现代心理学界不需要分裂了——在现有五十四个分会的基础上，它还可以发展出五百四十个分会，甚至五千四百个分会，并让所有成员统一在"科学与非科学"的大旗下。

最重要的是，要想同时实现上述三点，现代心理学别无选择。换句话说，现代心理学既想定义清楚，又想定义正确还想保持完整，这是唯一的可能！而其他任何选择只会带来或者进步、或者分裂的两难。各位看看，我为维护"真"心理学费了多少心！

除了对现代心理学本身的益处，新的定义还会带来一种意想不到的收获：我们深恶痛绝的"伪"心理学也将难以藏身了。想想看，如果定义"真心理学＝真的科学＋真的非科学"，那真的之外，还剩下什么呢？伪装。彻底暴露之后，就不成其为伪装了。各位看看，我为消灭"伪"心理学又费了多少心！

*对现代心理学说"不够"

之所以我们深究定义的问题，为的是最终解决定义造成的问题。

定义造成了什么问题？

——现代心理治疗一直在用科学的方法，去解决本质上非科学的心理问题，怎么可能成功呢？因此毫不奇怪，它不足以解决现代人的烦恼。

——现代心理学作为科学，本来就不以解决问题为目标，怎么可能专注于以解决问题为目标的心理治疗呢？因此毫不奇怪，它不愿意解决现代人的烦恼。

如何解决定义造成的问题？

既然根源在于"心理学是科学"，那解决的办法在于"心理学不是科学"。

其实从本书的开头，我们就知道现代心理学"不够"，只不过那时有约在先：只有找到问题的根源和解决的办法，才能放心说"不够"了。现在我们终于放心了。

有朋友会追问：按照新的定义，现代心理学就"够"了吗？

虽说没有绝对的"够"，但至少可以进步。

首先，打破科学的限制，心理学才能包容生命的意义，这是人本主义的方向——如罗曼·罗兰留下的名言：唯有心灵使人高贵。

其次，打破科学的限制，心理治疗才能扩展身心的实践——如马斯洛所倡导的"以问题为中心"。[9-4]

那更要追问了：既然人本主义已经提出过上述意见，为什么没有解决问题呢？说来令人遗憾，人本心理学方向正确，却从未走出多远。

首先人本心理学不够科学，却生怕别人不把自己当科学，因此在理论上一直主动向科学靠拢。结果是口号多，内容少。

其次人本心理学不够科学，却仍在方法上限制自己为科学，马斯洛反对"方法为中心"，[9-4]更提不出什么新的方法。结果是：在有限的内容中，可落实的更少。

以科学为半径画地为牢，是人本心理学乃至整个现代心理学无功而返的根本原因。

相反，我以为"心理学不是科学"，那不管从理论上还是方法上，就都没必要再受限于科学的束缚。既然本书有破有立，就先破除旧定义的限制，再立起新定义的希望。

总结本书第一部分的内容，我们得出两点结论：

第一，心理学不仅仅是科学；

第二，因为现代心理学止步于科学，所以它才"不够"。

* 以用户的名义

在说了这么多"不够"之后，我希望感谢心理学人士的耐心包容。倒不是我觉得自己写得不对，而是我觉得自己写得很对，可正因为太对，"不够"一词才听着格外刺耳。

好在心理学人士素以理性平和著称，因此不难理解：说"不够"，仅仅是我向现代心理学致敬的一种特殊方式罢了。想想看：一本名为《悉达多的心理学》的书，在介绍《悉达多》之前，花如此之大的篇幅介绍《心理学》的定义、分类、演变、行为疗法、精神分析、人本疗法、认知疗法，不正是为了给科学以公正的评价吗？不正是为了以现代心理学为首选吗？

尽管如此，会有专业人士质疑"评价"本身的合法性：你有何资格评论这门神圣的科学？

面对类似的质疑，禅宗的慧能大师曾说：人有南北之分，佛性岂有南北之分？套用大师的智慧，我不妨回答：**人有贵贱之分，真理岂有贵贱之分？**

也会有专业人士质疑"首选"本身的合法性：你有何资格高高在上地选择心理学？

我想就以用户的名义吧。作为用户我知道，追寻心理健康是人类的本性；作为用户我知道，现代心理学并未解决现代人的烦恼；作为用户我知道，实验、测量、数据让心理学离生活越来越远；并且作为用户我知道，医生的好坏不该由医生自己来评判吧。因此，本书说"不够"——以至高无上的用户的名义。

或许心理学家会辩解说：自己也算用户，因此自己的标准也算标准。没错，但请用现代心理学的原则评估一下概率：是普通人作为用户的可能性大，还是心理学家作为用户的可能性大？进而回答一个问题：心理学是普通人的心理学，还是心理学家的心理学？不论哪种情况，都会回到本书开头界定的"够不够"的标准问题。

如果上述仍然不能令专业人士满意的话，那我也理解——因为越优秀的医生越不会轻易服气，面对用户的指责会说："如果我不行，换谁都一样！"看来除了说"不够"，我还要说"未必！"

第二部分　悉达多的心理学

——为什么抛开神秘佛学仍有其理性价值？

10. 哪一个悉达多，哪一个佛教

——抓住佛学的主线

既然病人病了，医生也病了，就该候补医生出场了。

问题是：哪一位候补医生？

前面我们从心理问题讲到现代心理学，按说要找一门学说作为现代心理学的补充似乎不难。且不说已被历史淘汰的，仅说流传至今的"心灵道理"，在宗教领域就有基督教、伊斯兰教、印度教、犹太教等；在哲学领域又有儒家、道家、西方哲学等。在这么多的选择中，为什么我们偏偏选择佛学呢？因为我们对"心灵道理"的要求并不简单，相反十分苛刻：**一要不同，二要相通**。

"不同"好理解，因为不同才能补充。从这个角度看，我们寻求与现代心理学最不同的方法，以实现最大限度的互补性。爱好心理学的朋友会质疑：即便现代心理学不够完美，也不至于比一门古老的学说差吧？其实不存在谁好谁差的问题，只存在相互补充的问题。前面声明过，第一部分的目的仅仅在于"提出问题可能存在"，现在再次声明第二部分的目的，也仅仅在于"证明问题确实存在"。

"相通"也好理解，因为相通才能比较。再从这个角度看，我们又寻求与现代心理学最相通的方法，以实现最大限度的可比性。与前一个要求相比，后一个要求常被忽视——有时出于无意，有时出于故意。证据就是：我们看到很多宗教与文化对话，基本可以用"鸡同鸭讲"来形容。甲方说：信仰无须证实，永生可以实现，一切源于神秘。乙方说：科学需要证实，人的寿命有限，大爆炸创造了时空。结论是——永远没有结论。双方就像两条正确但不相交的平行线。**因此不同重要，相通更重要。**

有些朋友会说：符合两种要求的学说应该不止一种吧？这些朋友还没意识到，之所以说要求十分苛刻，因为它们之间彼此矛盾：一方面我们希望方法最大限度地不同，但这种不同又不能太不同，不能到"不通"的地步；另一方面我们希望方法最大限度地相通，但这种相通又不能太相通，不能到"相同"的地步。如此再筛选各种宗教与哲学一遍，**我选来选去，只选出一种——悉达多的学说。**

是否真是这样？请各位自己评判吧。

*哪一个悉达多

在讲佛教之前，不妨先化解部分朋友的心理抵触："这是一门宗教！"我能理解这种情绪，因为宗教时常给人强制的印象，而现代人最不喜欢强制。对这些朋友的心理安慰是：本书算不上一本传统的佛教书，顶多算一本理性的佛学书。倒不是说我准备违背教义，而是在我看来，佛教本来如此。

曾经有新闻机构采访来亚洲学佛的西方人，发现了一个奇怪的现象：很多人以前不信教，学佛后还不信教；很多人以前是基督徒，学佛后还是基督徒。似乎这些西方人并非为信仰而来！如果追问：那佛教哪点吸引你呢？普遍的回答是：**这门宗教实在不太像宗教！**

至于为何如此，下章将以专题说明，本章先做些铺垫。 当务之急要先缩小下范围：哪一个悉达多？

初接触佛学的人会奇怪：悉达多还有几个吗？按说真人版只有一位，但神话版却有很多。让我们先把名字和生平对应起来：

第一阶段，从出生到创立佛教，即悉达多的前半生。这期间名字只有一个：悉达多。

第二阶段，从创立佛教到去世，即悉达多的后半生。这期间名字开始多起来。按照来访者不同：外人多称他为悉达多或瞿昙；学生们多称他为世尊；而他自己，则自称如来或佛陀。

第三阶段，从去世到今天的两千年，即佛陀入灭之后。这期间被追认的名字就更多了：如来、应供、正遍知、明行足、善逝、世间解、无上士、天人师、世尊、佛，号称佛陀十号。这还没包括中文名字释迦牟尼，意思是释迦族的尊者。

为了简单起见，我们先明确一点：只谈生前事，不谈身后事。倒不是说第三个阶段不存在，只是说我们讨论不清：信教的读者会认为，佛陀升天不可置疑；而不信教的读者会认为，佛陀升天不可置信。后面会讲到，就连佛陀本人都不想回答这个问题。因此本书也效仿佛陀：**我们只讨论两千五百年前出现于印度的那位历史人物，他最终创立了佛教。**

回到历史人物，当然会让事情简单不少，但并未简单彻底。因为历史人物，仍然有真人版和神话版两种生平，原因是有人会说："他可能是人，也可能是神的化身。"为了公平起见，我把两种版本都列出来，按字体区分开来。

悉达多的一生，可以概括为几个标志性事件：出生、出走、觉悟、圆寂。

I. 出生

他生于印度西北部迦毗罗卫国，具体时间有多种算法，但都对应公元前五六世纪。[10-1]父亲是释迦族的国王净饭王，母亲是摩耶夫人。父母为儿子取名为乔达摩·悉达多，意思是"成就一切义"，暗示着这个孩子出身高贵，以后必成大业。

从出生阶段，就出现了悉达多的传说。如说他母亲怀孕时白象入梦，又说他一出生就可以走路，还左边蹦几下，右边蹦几下，一手指天，一手指地，口中念念："天上地下，唯我独尊。"对此该如何理解呢？我只能说：传说毕竟只是传说，如果真有这样一个小孩，他或她一定早早就被当作神灵供奉起来，可悉达多从小并没有受到神灵般的对待。更合理的说法是：悉达多生下来是一个常人，尽管将长成一个非常之人。

作为国王的宝贝儿子，少年时期的悉达多，过着衣食无忧的日子，像世界上很多王子那样习武、读书、受良好的教育。成年后的悉达多，娶了一位漂亮的太太，生下一个健康的小孩，取名罗睺罗。如果沿着既定轨道发展，他会承袭父亲的王位，会成为一位亲政爱民的好国王；但果真如此，他只会变成众多无人记得的印度小国王中的一员。

悉达多的成长过程如此正常，不仅没有让后人欣慰，反而让后人觉得不安，于是又出现了传说。如说悉达多力搏大象，还有几种版本——有的说悉达多徒手将大象打翻，有的说悉达多将大象扔出城外，有的说发疯的大象见到悉达多自动臣服。对此又该如何理解呢？我只能质疑这些仍是传说，理由如下：第一，这并非来自悉达多自述；第二，悉达多从来不崇尚武力；第三，若悉达多真有此等神功，晚年还会无法保护释迦族免于灭亡吗？

II. 出走

如果说成年后的悉达多确实有什么不同，那就是他作为王位继承人，表现出一种宗教情怀——知晓宗教经典并喜欢禅定。此外，他还表现出一种哲学感悟——按说一般养尊处优之士不了解底层人民的疾苦，悉达多却有感于生命的无常：他看见农夫的犁翻起了地里的虫子、虫子被小鸟吃掉、小鸟又被大鸟吃掉，一个物种的存在依赖对另一个物种的伤害，甚至对同类的伤害，这就是生命中注定的苦——即便还不是自己的苦，也是共同的苦；即便还不是今天的苦，也是迟早的苦。

终于在二十九岁时的一天，他趁妻儿熟睡之时离家出走。毫无疑问，悉达多是要寻找生命的答案——这是他从小关注的话题。

此事也常常被后人过度渲染：王子出家，岂非神奇？最简单的解释是：悉达多曾经一天中走出四个城门，分别看见产妇、老人、病人、死人，于是有感于人生之苦。这有没有道理呢？当然有，悉达多对人生的感慨是真实的。但这个故事忽略了一个事实：当时悉达多已经二十九岁，按照古印度的平均寿命，早就成年，甚至中年，他不可能完全隔绝于社会，连生老病死都没见过，起码病人应该见过吧。

不仅看到生、老、病、死不算神奇，就连出家也符合传统，还不是一般人的传统，而是当时贵族阶层——婆罗门阶层的传统。婆罗门贵族一直有悲天悯人的情怀，往往在中年之后将家产传给子女，然后自己远行，或到雪山流浪，或去林中吟歌，或至野地苦行，为的是与心中最高的神"梵"合为一体，从而摆脱人生的烦恼。

甚至连王子出家也非绝无仅有。根据佛经记载，佛陀之前的修行者，及后来追随佛陀的出家人，不少都出身于帝王之家。就连后来统一印度的阿育王，儿女也都分别出家，远行外国传教。这样看来，悉达多出家确是佛教美谈，但也是受古印度习俗影响所致。

III. 觉悟

我们可以想象，年轻的悉达多遁入山林还有另一个原因——寻师求道。

要想修行解脱，需要老师指导，哪里才能找到老师呢？按照当时的习俗，修行的婆罗门都远行去了，因此在王宫里找不到、城市里找不到，只有去深山、老林、旷野才能找到！

结果"寻师"落实了，"求道"却没着落。整整六年下来，进展不大。倒不是老师不够好，而是老师教的都是传统方法：单纯的苦行、苦上加苦、越苦越好。最难的时候，悉达多每日以豌豆、绿豆充饥，甚至触至腹皮、摩到脊柱、身毛腐烂，以至于感悟道：如果苦行为殊胜，那我已

胜，那我已经体验过极苦，但我并未由此觉悟，显然应该另有他径。[10-2]

后来悉达多放弃了苦行，回到更适中的方法，终于迎来了转机：在离家出走六年后的一天，他在菩提树下的禅定中觉悟成道。

佛陀觉悟了什么？你想知道，我想知道，后人都想知道，可佛陀没给出过一次性的答案，只给出过陆续的谈话。从这些谈话中，我们可以总结出三类主题：

第一，无人知晓的真理；

第二，印证真理的方法；

第三，生命之苦可以解脱。

本书旨在理性地讲清楚这些真理、方法、解脱之道。

IV. 传教直到圆寂

觉悟后的悉达多自称为"觉者"，大家可以先理解为觉悟者。在梵文中，觉就是佛，佛就是觉，觉者即佛陀。从此，悉达多启用了佛陀的名号。

他开始在恒河中游一带讲经说法，将学说命名为佛教，并广收弟子，将弟子组织为僧团。如此四十五年，于八十岁时去世。

这大概就是悉达多的一生了。

＊回到悉达多本人

现在回到前面的问题：历史人物悉达多是人是神？

有三种说法：

第一种是"悉达多是人说"，即悉达多从生到死都是人。

第二种是"悉达多是神说"，即悉达多从生到死都是神。

第三种是"半人半神说"，即把悉达多的一生一分为二：觉悟前是人，叫悉达多；觉悟后是神，叫佛陀。

哪一种对呢？

我们可以先排除"悉达多是神说"。因为悉达多的前半生，就足以排除这种可能：从出生、成长、出家、修行，我们看到的都只是正常人的成长。至于其中的种种神话嘛，后人对帝王将相的美化和神化，我们听到的还少么？

比较难办的是"半人半神说"，因为觉悟成道，毕竟是悉达多一生中的一次关键转折。问题在于，他成的是什么"道"？假设成道等于成仙，那么佛陀就不再是人；而我以为，成道仅仅是觉悟，佛陀仍然是人。

这么说，我当然有根据。

首先，觉悟后的悉达多，仍然过着人的生活。何为人的生活？不外乎衣、食、住、行。衣，佛陀穿过粪草衣，也穿过黄金衣，有什么穿什么；食，佛陀自己托钵乞讨，别人供养什么，就吃什么，甚至不限于素食（那是中国佛教的习惯）；住，佛陀和僧团同住，日常的活动包括禅坐、洗脚、讲课、接待访客；行，佛陀周游于恒河一代几个王国的城市之间，行动速度之慢，与常人相同。总之，觉悟后的佛陀，除多了"佛陀"这个称谓外，我们看不出太大的区别，更看不到他变化无形、不吃不喝、呼风唤雨、日行千里的记录。

其次，佛陀也有着人的情绪。记载中，佛陀曾与一位侍者独处，可这位侍者却执意离去。佛陀再三挽留，近乎恳求："我独处而无人在旁，能不能等下一个人接替你再走？"[10-3]应该讲，佛陀年事已高，这么说实属人之常情——这正是我想强调的：只有人，才有这种常情；对神来讲，独处何妨？服侍何用？

不仅如此，佛陀也犯人的错误。为了教导弟子远离欲望，佛陀曾经教给弟子"观白骨法"，就是在静坐中冥想人的丑陋：从吃喝拉撒到生理结构，到一堆白骨。教导完毕后佛陀就出门远行了，等回来时发现六十余名弟子已经自杀，因为觉得人生实在没意思。佛陀听到后感叹不

已，只好转教其他方法。[10-4]

最后，佛陀有人的老、病、死。佛陀去世是一次偶然事件。当佛陀八十岁高龄的时候，意识到自己接近生命的终点，原本计划赶回自己的出生地。可不巧的是，他在路上吃了一位铁匠供养的牛肉，因为食物不净而连续拉肚子，最后身体虚弱去世。佛陀临终前，还怕弟子责备铁匠，叮嘱要把功德归于铁匠，因为他的供养出于好意。[10-5]这让我们想起苏格拉底临终前叮嘱弟子归还鸡钱的故事，感慨于圣者们也有真情。

总之，佛陀吃的是常人之食，得的是病人之病，说的是圣人之话，最终像常人般去世。所以我说：**悉达多是人，佛陀也是人——觉悟前如此，觉悟后亦然。**

我们为什么要花精力搞清楚"哪一个悉达多"呢？

因为不如此，本书就无法继续。

要知道，世界上有两种尊敬：一种是对神灵的尊敬，一种是对老师的尊敬，性质完全不同。想象一下，该如何面对神？无法质疑，神也不接受我们的质疑。我们只能相信，无须理由，越没理由越好。如果悉达多是神，我们顶礼膜拜，这叫拜神。

老师则不同。老师也是人，也有七情六欲，也会犯人之常情的错误。该如何面对老师？虚心学习即可。在虚心学习之余，我们不妨探讨、质疑，甚至超越。反过来，通情达理的老师也不会反对学生这样做。现在明确了悉达多是人，我们以他为师，这叫拜师。这样称谓也可以混用了：**悉达多不表示不尊敬，佛陀不表示他是神，两者都表示对人的尊敬。**

于是我们迈出了第一步：回到悉达多本人。

* 哪一个佛教

搞清了哪一个悉达多，我们还要搞清楚哪一种佛教。

109

初次接触佛教的人又会奇怪：佛教还有几种吗？没错，多得超出想象。关于佛教的多样性，日本学者阿部正雄比喻说："在时间和空间上，佛教的网都撒得又远又宽，就像一张因陀罗网，网上的每个交叉点都镶嵌着宝石，在世界的不同角落，每个交叉点都呈现出教法的某一面向。"[10-6]

现今佛教有四个主要系统：原始佛教、南传佛教、北传佛教、藏传佛教。它们分别于不同历史时期，形成于四个区域：印度、东南亚、东北亚、西藏。我们要先从原始佛教和印度说起。

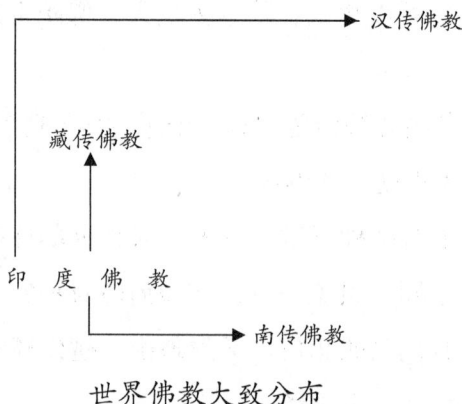

世界佛教大致分布

I. 原始佛教

佛陀并非横空出世，佛教亦非凭空而来。佛陀创立佛教于印度，自然深受印度文化的影响。那时印度有十六大国，很像我们的春秋战国时期。可与春秋时期的诸子百家不同的是，印度人的兴趣不在救国、救民，而在各种宗教。事实上，远在佛教之前，婆罗门教就已经存在约一千年之久，后来又出现顺势派、生活派、怀疑派、耆那教、佛教等多种学说；在佛教之后，又有伊斯兰教入侵、婆罗门教复兴并转为今天的印度教等演变。因此通常的说法是：一部印度史就是一部复杂的宗教史。

当佛陀在世时，即公元前五六世纪，佛教流传于恒河中游。到佛陀入灭后，佛教在一百多年的时间里传播到整个印度，并维持了佛教僧团

110

一百多年的统一，直到情况发生变化。**我们把从佛陀创立之时到后来分裂之前的佛教，称为原始佛教。**

也有学者进一步区分，称佛陀所在时期为根本佛教时期，称佛陀入灭到佛教分裂为原始佛教时期，问题是两个时期从文献上无法区分。为什么呢？与孔子和苏格拉底相同，佛陀自己从未著书立说，仅仅全凭口述。又与孔子和苏格拉底不同，孔子的弟子仲弓、子贡、子夏很快写下《论语》，苏格拉底的弟子柏拉图很快写下《对话录》，而佛弟子们把老师的话背诵了一百多年才写下文字，即佛教的原始文献《经藏》。

在教义上，原始佛教秉承佛陀的思想；在文字上，原始佛教以《经藏》为经典。问题是两者相差了一百多年，真的吻合吗？我们没有更好的选择，只能推测吻合。现存的《经藏》有两个版本：南传佛教称为《南传经藏》，北传佛教称为《阿含经》。前者发现于东南亚，后者发现于中国。

那各位有疑问了：印度的原始文献跑到哪里去了？事实上，从公元12世纪起，佛教就从它的发源地灭亡了，而且灭亡得非常彻底。看看今天的印度就清楚：印度教为主，伊斯兰教为辅，而佛教徒占印度人口总数不到0.8%，[10-7]还是从几十年前0.08%恢复过来的。可想当初佛教灭亡彻底到何种程度！

因此，所谓原始佛教，并非佛教流传至今的一个流派，只是历史长河中早已逝去的一个片段。近年来不断有人重提原始佛教，可一缺考古，二缺传承。如果当作追溯佛陀本怀的理想，我十分赞同，可如果当作追求"原始"戒律，那不仅戒律"原始"得可疑，而且只怕走向时代的反面——岂不离佛陀救助世人的本怀更远？

原始佛教时期之后，也就是在公元前4世纪左右，佛教分裂为二十多个部派，以不同的方式阐述佛陀的学说，朝不同的方向对外传播。

II. 南传佛教

最早传播的路线是从印度向南，自公元前 1 世纪开始，二十个佛教部派中的一支（赤铜鍱部），经斯里兰卡、缅甸，流传到东南亚的泰国、柬埔寨、老挝等地，形成了今天的南传佛教。

在教义上，南传佛教宣称自己代表佛陀的学说，指责其他学派"非佛说"。从时间上看，这种指责不完全符合事实。现今的所有佛教流派都形成于佛教分裂之后，距佛陀时代至少几百年之遥，**因此要么都是"非佛说"，要么都是"佛陀的学说"，远近不同罢了**。[10-8]

在经典上，南传佛教以《南传经藏》为依据，并增加了不少论著。

III. 北传佛教

另一支传播路线是从印度向西北，先是公元 1 世纪左右，佛教经西亚传入中国，历经东汉、魏、晋、南北朝、隋、唐，达到我国佛教的高峰。当时包括唐僧玄奘在内的大批中国僧人远赴印度，西行求法，被梁启超先生称为"我国最早最伟大的留学生运动"。经中国文化融合后的佛教，于公元 4 世纪传入朝鲜，于公元 6 世纪传入日本，形成了今天的北传佛教。

在教义上，北传佛教强调救助众生，指责南传佛教自我解脱，因此常常自称为"大乘"，意思是大车；贬低南传佛教为"小乘"，意思是小车。从实际行动上看，这种贬低完全不符合事实。**只要对照慈悲的努力、道德的维护，南传佛教从古至今都在关怀大众，不用口号，而用行动**。

在经典上，北传佛教不仅依据原始经典，还依据后出的大量佛经，如《金刚经》《心经》《解深密经》《楞严经》《楞伽经》《无量寿经》《法华经》《华严经》等，多到数不胜数。相应地，信奉这些佛经的教派，如唯识宗、天台宗、华严宗、禅宗等，大都属于北传佛教。

IV. 藏传佛教

最后一条传播路线是从印度向东北，于公元 8 世纪左右传入中国西藏，形成了今天的藏传佛教。

在教义上，藏传佛教也叫秘密佛教。顾名思义，有秘密传播的意思，即强调上师对弟子秘密传授，也被称作"密教"。除了秘密教义，藏传佛教中还增加了咒语、仪轨、法器，这些都是其他佛教流派所没有的。

在经典上，藏传佛教由于形成的时间最晚，因此文献最全，但相应地离佛陀时代也最远。

我之所以简述佛教系统，只是希望告诉各位：佛教不只一种。源头不同、时间不同、佛经不同。这意味着，各位以前听说过的佛教，未必等于本书所讲的佛教。

* 回到佛陀的学说

那你倒一定要问清楚了：这本书属于哪宗哪派呢？

说实话，作者不希望隶属于任何宗派，只希望回到离佛陀最近的经典。具体来说，如无特殊说明，本书所有引用均出自《南传经藏》及《阿含经》。

这样也好理解本书难以"归宗"的原因：原始佛教会认为我引用了它的理想，南传佛教、北传佛教会认为我引用了它们的经典，而藏传佛教会宣称它已经包含一切。哪种都对得上，等于哪种都对不上。**要归宗，就归宗于佛陀的理性吧**。

于是我们迈出了第二步：回到佛陀的学说。

回到悉达多本人，回到佛陀的学说，都是为了缩小范围。可为什么要缩小范围呢？

诸位朋友，已经入门的你还没意识到：自己人的不是庭院，而是大海。君不见，学佛似乎永无止境，我说的还不是普通人，而是很多专家、学者、大师，都把大半生精力投入于佛学的汪洋之中。总结起来，学佛的难度有三：

第一，经典浩瀚。汉文《大正藏》就达两万三千卷、一亿字之多，如果每天一卷的话，要六十三年才能读一遍。恐怕各位读不完吧。

第二，流派众多。据说佛教有八万四千种法门，中国佛教就有十宗之分，禅宗又自分出七种修行方法。恐怕各位修不完吧。

第三，彼此矛盾。原始佛教、南传佛教、北传佛教、藏传佛教，出发点各不相同，如果单学一种还好说，可真要融会贯通的话，恐怕各位对比不过来吧。

要越过前三座大山——经典浩瀚、流派众多、彼此矛盾，行色匆匆的读者不禁要问：有什么捷径吗？

我以为有！

第一点建议已在进行中：缩小范围。回到悉达多本人，我们排除了一半内容——佛教中的神话；再回到悉达多本人的学说，我们又排除了剩下一半中的一半——佛教中的流派。

可光缩小范围还不够。因为即使回到悉达多本人，回到悉达多本人的学说，被缩小的范围依然很大·从学科上看，分类太多；从教义上看，概念太多。我担心如果像教科书般逐条列出，那读者也会像读教科书般昏昏欲睡吧。

因此，第二点建议是：抓住主线。

* 生命的主线

什么是悉达多学说的主线？

生命。

让我们回顾下他一生的兴趣。从青年时期开始，他就困惑于生命的无常；王子出走，为的是寻找生命的秘密；六年的苦行，他体验了什么是生命之苦；菩提树下，他觉悟到的是生命的真理；觉悟之后，他传播的是生命的学说。

为此，他放弃了一切：王位、家庭、享乐、安逸。

为此，他从未回头。其实我们每个人都曾突发奇想：今年想去非洲支援，明年想去北极探险，后年想去乡村办学，可往往还没上路就已经改主意；即使已经上路，一碰到困难又后悔当初，这时遇到回头的机会——不用说，最早的决心早不见了！那悉达多呢？他是否回想过衣食无忧、美女如云、叱咤风云的日子？毫无迹象，这才是真正异于常人之处。

为此，他坚持到最后。觉悟后的佛陀，并没像老子那样功成身退，而是讲经说法四十五年，教化众生无数。

因此不管后面讲到宗教、哲学、心理学，**都请各位抓住这条主线：悉达多学说是关于生命的学说。**[10-9]

或许有的读者迫不及待地问：为什么不把生命学说称为心理学呢？

可以是可以，毕竟在心理学泛滥的今天，任何与"心"沾一点边的，现在都可以自称心理学，而佛学中的"心"又格外多。如果你接受这种标准的话，那也没错。可按照更严格的标准，我觉得应该先质疑：佛学真是心理学吗？

一是佛学的内容远远超过心理学，它不仅包括宗教、哲学、心理学，甚至是否包含科学的成分也未可知。

二是这么说不合乎学界的主流。看看各大学的学科设置吧：有把佛教设置在宗教系的，有把佛教设置在哲学系的，甚至有把佛教设置在中文系的。但听说过哪所大学把佛教设置在心理学系吗？好像没有。

如此看来，**佛学与心理学的关系，至少需要论证才能成立。**

如果你同意的话，那我希望先给各位一个 Big Picture（整体画面），这个 Big Picture 就像一枚巨大的洋葱，而我们要做的，是像剥洋葱那样，把悉达多的学说层层剥开，找到心理学所在的位置。这枚洋葱令少数人着迷、多数人迷惑的外表，被称为宗教。

11. 以自为洲，不太像宗教的宗教
——信仰与理性共存

这一章我们谈谈佛陀的宗教观。看似与本书的主题无关，到本书最后你会发现宗教观与之密不可分。

什么是宗教？关于宗教的定义，牛津字典的描述是"对神及神类物的相信"，威廉·詹姆斯稍加扩大为"人与神圣对象的关系"。[11-1]关于宗教的内容，通常的说法是包含以下要素：一部经典、一位教主和一种超越的学说。

佛教是不是宗教？看起来像"黑马是不是马"那样不言而喻，其实学术界对此很有争议，我们还是确认下为好：首先，它今生有神灵、来世有轮回，符合"神、神类物、神圣对象"的定义；其次，它有佛经、有佛陀、有成佛的超越，符合三个要素的内容。因此，**佛教是宗教无疑**。

事实上，佛教在历史上的影响力如此之大，首先由于它是一门宗教。可前面我们提到"这门宗教不太像宗教"，否则就很难解释它今天仍具影响力——想想看，在宗教情结普遍淡化的今天，为什么佛教能重新引起世人的兴趣？面对科学的质疑，为什么佛教能自圆其说？分析起来，原因有三。

* 神不主宰

第一条说来奇怪，**就是佛教否认神的力量**。

别误解，佛教中有神。佛教将世界分为几层：在人间之上有天界，在天界之中有"天人"。只是这些天人有点像凡人，何以见得？他们与我们一样，也有生、老、病、死。你会问：不能永生，还能称得上天人吗？确实，天人更像平行宇宙中的另一种人，只不过待遇比我们好些、烦恼比我们少点罢了。

在天人之上，还有没有更高的神呢？有倒是有，比如燃灯佛、如来佛、弥勒佛等。佛虽然脱离了生死的循环，但仍然有点像凡人，何以见得？一是其寿命成谜，有经典说佛有百千万亿劫的寿命，但仍有寿命，也有经典说佛不生不灭。[11-2]更成谜的是，他们或者不愿意拯救这个世界，或者无法拯救这个世界。你又会问：缺少了拯救的力量，还能叫什么神吗？确实，佛也像在平行宇宙中一般，并不介入我们这个世界的因果关系。

这样的神当然与一般宗教中的神不同。可以说，**佛陀保留了神的存在，却取消了神的全能**。

一个常见的争论是：佛教是无神论还是有神论？说无神论吧，它有神；说有神论吧，它又否认神的力量。相对后一种说法来自佛教之外，容易澄清；前一种说法来自某些专业人士，澄清要费番功夫。

佛教是什么论呢？

我们不妨用组合的方法分析：以有神和无神为一组条件，以有神力和无神力为另一组条件，不外乎四种可能。

组合一，无神、无神力；

组合二，无神、有神力；

组合三，有神、有神力；

组合四，有神、无神力。

需要说明的是，这里的"有神"指的是"有明确的关于神的描述"。相反，这里的"无神"指的是"无明确的关于神的描述"，要么否认神，要么默认神。其中默认神，即只讨论已知世界、不讨论未知世界的学说格外多：科学和哲学属于这种情况，儒家的"未知生焉知死"属于这种情况，不可知论和自然神论也属于这种情况。

让我们把四种组合对应起来就清楚了：

组合一"无神、无神力"，一般被称为无神论，包括唯物主义、科学、哲学、儒家、自然神论、不可知论等学说。其中除了唯物主义坚决否认宗教之外，其他对宗教大都采取不承认、不否认、不讨论的态度。这些学说共同点在于强调理性：不寄希望于神力，人类拯救自己。

组合二"无神、有神力"，不存在这种情况。

组合三"有神、有神力"，一般被称为有神论，包括基督教、伊斯兰教、犹太教、印度教等宗教。它们既相信神，也相信神的全能：比如基督教的上帝、伊斯兰教的安拉、印度教的梵，都肩负着拯救生命、拯救灵魂、拯救世界的重任。这些宗教的共同点在于强调非理性： 寄希望于神力，神会拯救自己。

组合四"有神、无神力"，正是佛陀的学说。现在清楚了：佛教自成一体！我以为部分学者把佛教划归无神论，并非不知道问题所在，只是陷入了二分法的困境——**要终止有神无神的争论，佛教不是另一选项，而是第四种选项！**

* 相信轮回

各位先别急着为佛陀的宗教观鼓掌，因为"神不主宰"这件事，其实难以独存——神力并非虚设，取消神力是要付出代价的：

第一，神的意义悬空了——缺乏神力，神就无法主宰人，这样的神即使存在，有何作用？

第二，人的意义悬空了——缺乏神力，人就缺乏奖励，这样的人生即使存在，有何希望？

119

第三，社会的意义悬空了——缺乏神力，人就缺乏惩罚，这样的社会即使存在，有何敬畏？

填补不了这三个真空，佛教就无法运行，**而佛教之所以能够运行，全靠一个概念的补充：轮回。**

各位理性的朋友，先别皱眉头，请相信本书的作者同你一样理性：轮回是迷信不假，可连数学家毕达哥拉斯、哲学家尼采、心理学家罗杰斯都信轮回，[11-3]这就很不正常。显然，**迷信也有迷信的逻辑**。

让我们看看什么是轮回。

"轮"即"轮转"的意思，"回"即"循环"的意思，轮回即生命的循环。佛教相信人生只是生命长河中的一段，无始无终、生死相续、永无尽头。

轮回的机制是业力推动。所谓业力，即行为产生的无形的力。佛教相信，好的行为造善业，坏的行为造恶业，业力推进着命运，甚至在这一辈子结束时，推进生命到下一辈子，是为"业感轮回说"。

轮回的结果是因果报应。善业会让生命进入天道、神道、人道轮回，恶业会让生命进入畜生道、鬼道、地狱道轮回。这辈子有怎样的因，下辈子就会结出怎样的果，是为"因果报应说"。

让我们看看轮回是如何填补三个真空的。

——轮回如何让神的存在有意义。

要知道，"业感轮回"是指一般情况，此外还有一种特殊情况：如果我们修行得好的话，有一天可能修成正果，变为和佛陀一样的神。那样的话，轮回就此结束，我们也成就了解脱的最终目标。

需要多久才能解脱呢？各佛教流派说法各异，不过佛陀自述经历了无数轮回才成佛。据此推论，我们这些凡人的智商、情商比佛陀差很远，要修行无数代才有些许可能。慢虽慢，有目标总比没目标好吧！

这就是佛教还不能没有神的原因：神虽不主宰轮回，却为跳出轮回设立了最终目标——成佛。设想没有这个目标的话,艰苦修行的吸引力何在?不再投胎的动力又何在?**反观生命的痛苦、轮回的无限,成为神的可能才变得格外有意义。**

——轮回如何让人的存在有意义。

一是过去的人生需要解释。

心理学家勒纳指出:人需要相信自己生活在一个公正的世界里。可如何解释我们常见到的现象:好人有时贫困潦倒,坏人有时却荣华富贵呢?

答案就在于轮回,佛教会这样解释:某好人这辈子过得不好,是因为上辈子福报少,不过他现在行善,以后必将受益;某坏人这辈子过得好,是因为他上辈子福报多,不过他现在作恶,以后必受惩罚。

看来我们光说"善有善报、恶有恶报"不够,还必须加上"不是不报,时候没到"。至于啥时报,谁也说不清楚——或者余生报,或者来生报——反正总会报。这样佛教才让我们接受过去。

二是现在的人生需要珍惜。

解释了过去,自然会觉得现在难得。可在佛陀时代,厌世风气盛行,很多人说:生活太苦了,不如一死了之吧。结果自杀变得像今天吸毒一样时髦。

佛陀反对自杀,理由在于轮回。佛陀认为,首先今生难得,我们现在的生命是前世不知道做了多少善业才得来的;其次自杀解决不了问题,看似暂时中止的痛苦,实际不会中止,我们下辈子很快开始,还要延续这辈子未完的痛苦;最后佛陀把自杀计入一种罪,如果今生已经烦恼,那自杀就算罪上加罪。这样佛教才让我们珍惜人生。

三是未来的人生需要指导。

解释了过去、珍惜了现在,我们自然会用未来多做好事,目标是争取下辈子过得好些。更高的目标是争取最终解脱成佛,那样就不存在下辈子的问题了。

以上的过去、现在、未来，还可以扩大到前世、今生、来世。**如此连续的人生，才能带来连续的人生意义。**

——轮回如何让社会的存在有意义。

个人需要指导，社会也需要指导，如果人人陷入混乱，社会也会陷入混乱：一种可能是悲观厌世流行，一种可能是为非作歹横行，一种可能是及时行乐遍行。想想看，如果活着就活着、死了就死了的话，上述恶行就很合逻辑，即使我们嘴上不承认，心里也难否认。

有人会说：可以道德教育啊。我倒要反问：真的吗？无数事实证明：在诱惑面前，在危害面前，道德教育的力量很有限。君不见，大家嘴上都唱高调，行动上却无公德，至于这是怎样一种社会，就不多讲了吧。相反，由于轮回中的因果报应，**社会秩序才被赋予超越今生的意义，无论朝代更替、高调低调，都代表着宇宙的法则。**

所以别小看轮回的逻辑：它是人、社会、神之间的关键连接。此外，我还可以补充说：因为轮回，佛教才变为真正的宗教。想想看，佛教已经取消了神的力量，如果再没有轮回的话，不只剩下物质的"我"在循环了吗？那正是佛陀最反对的"邪命外道"。所以说，佛教可以没有神力，却不可以没轮回；既然已经没神力，就必须有轮回！

接下来，如果各位真相信了轮回，就难免"更长远"地关心自己的前途：要想余生过得好些、来世轮回得顺些，我们该靠谁呢？

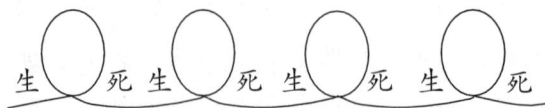

生　死　生　死　生　死　生　死

生命在轮回

* 以自为洲

佛教不太像宗教的第二个原因是：**它让我们全靠自己**。

据记载，佛陀在临终前一年，感觉自己时日无多，叮嘱弟子说：应以自为洲、以自为依处，不以其他为依处。[11-4]意思是以自己为彼岸，以自己为依靠，不要依靠其他。当我最早学习佛教的时候，曾经很为这句话所感动，在这个追求独立人格的时代，我想"以自为洲"也会感动无数现代人的心灵吧。

请注意，佛陀放弃了几种最常见的宗教选择：

首先，佛陀没有让人依靠天上的神。佛陀不承认神的力量，当然不会考虑这种选择。

其次，佛陀没有让人依靠他自己。按说这原本是最合乎情理的选择，但根据佛陀的理论，即使自己升天成佛后，也不可能改变弟子们的命运。

再次，佛陀没有让人依靠弟子或组织。我们知道，很多宗教都有神在地上的代言人：希腊神话中，奥林匹亚山上的神都庇护世间的代言人；基督教中，上帝通过教会代言；伊斯兰教中，安拉通过毛拉代言。而佛陀临终前明明有僧团在旁，却指示"以自为洲"，令今人深思。

最后，佛陀没有让人依靠神通。需要说明，佛陀为了顺应古印度的传统，并未否定神通，但反对使用神通——无异于变相否定。有一次，当被邀请施展法术时，佛陀说：我对神通神变带来的麻烦，反感、惭愧、回避。[11-5]我们不妨这样理解：**如果连神力都不能依靠，那凭什么能依靠人的法力呢？**

看来，天上指望不了，地上指望不了，佛陀让我们完全自救！可自救也要有方法才行啊！

* 神秘而理性

佛教不太像宗教的第三个原因是：**它让信仰与理性共存。**

佛教的信仰可以理解，因为刚刚讲了，佛陀的学说首先是一门宗教。从烧香拜佛的仪式上看，人们会以为佛教的信仰先于理性。

佛教的理性也可以理解，因为"以自为依"，就要依靠正确认知。从正确认知的内容上，人们又会以为佛教的理性重于信仰。

加到一起就有问题了：为什么除了佛教，没见到其他哪门学说这样做呢？倒不是其他学说有问题，而是佛学太另类。

要知道，**信仰与理性原本就很难共存。**世界上绝大多数宗教信仰的对象都是神，这就引发了神与理性的对立：一方面，神容不下理性，神禁止怀疑；另一方面，理性也容不下神，理性需要怀疑，在值得怀疑的名单中，名列第一的就是神。结果信神与理性无法共存。请注意，这里无法共存的是信神，不是信仰。

佛教是如何解决上述矛盾的呢？秘诀在于：它所信仰的不是神，而是轮回。于是回避了神与理性的对立：一方面，由于不信神，佛教容得下理性；另一方面，由于信轮回，佛教又容得下信仰。结果轮回与理性可以共存。

信神　　　×理性

信轮回　　√理性

这个秘诀不仅为佛陀发现，也被毕达哥拉斯、尼采、罗杰斯发现。这就是为什么这些数学家、哲学家、心理学家也迷信的原因：**轮回是迷信不假，却是唯一能容下理性的迷信！**

现在，可以为佛陀的宗教观热烈鼓掌了！

* 神秘归神秘，理性归理性

好，理性与神秘，难得共存于佛教之中。对现代人来说意义何在呢？

意义就在于：理性这剂良药能治好理性的病，神秘这剂良药能治好神秘的病。世界上的大多数学说，不是属于前者，就是属于后者，**而唯有佛教，能同时治好世人的两种心病！**

首先别小看佛教的神秘，它解决了理性解决不了的问题。

且不说历史上的烧香拜佛是对是错，我只想说：宗教拯救过人类心灵的数量，远超过科学、哲学、心理学加起来拯救过人类心灵的总数。历史上如此，现在依然如此。世界上大多数地区的大多数人，都抱有对灵魂的渴求：谁不希望知道自己的生命不会结束？谁不希望对存在另一个世界还有期盼？且不争论终极关怀存不存在，我只想说：信仰带来希望。

当然更别小看佛教的理性，它回应了新时代及新一代的呼声。

相对于世界上其他宗教，佛教尤其以理性为其特征。或许有人说，基督教、伊斯兰教、印度教、犹太教不也讲理性吗？没错，那是神赐的礼物、信仰的附属。可佛教中的理性是自由的、自主的，证据就是：佛教强调实证，而实证的主体不是神，只能是各位自己！

所以，最好别二选一。佛教只有既信仰、也理性，才能保持它特立独行的魅力。

不过，最好也别二合一。比如有人为了解释佛教的这种特质，称其为"理性的宗教"。虽说出于好意，但恐怕在语法上就讲不通：宗教意味着神秘，理性的宗教意味着理性的神秘，岂不令人费解？

甚至连"神秘与理性共存"这句话，也有待更好地表述。佛陀时代的人们还分不清理性与神秘，而现代人已经非要分个究竟。费力说明本章的内容固然可能，但有没有更容易的办法呢？

有！把来世的神圣与今生的世俗分开。

不是二选一，不是二合一，而是一分为二。

《圣经》中有个小故事，说曾经有人问耶稣要不要给政府纳税。如果问凡人这个问题倒不算什么，可问一位宗教领袖就算刁难：想想看，假设耶稣回答肯定，就触犯了上帝的权威，有渎神罪的嫌疑；假设耶稣回答否定，又触犯了政府的权威，有造反罪的嫌疑。可耶稣回答说："让上帝的归上帝，让凯撒的归凯撒。"[11-6]如此大智慧，我们借鉴一下：

——让神秘的归神秘，让理性的归理性！

12. 以法为洲，不太够哲学的哲学

——以一法破万法

上一章谈了佛陀的宗教观，这一章谈下佛陀的世界观。世界观也与我们的主题"悉达多的心理学"密不可分：

它与心理学有关，因为世界观属于哲学——广义的心理学包含哲学，而广义的哲学又包含心理学。通俗地讲，心灵的道理离不开世界的道理。

它与悉达多有关，因为佛陀在"以自为洲、以自为依处，不以其他为依处"之后，下一句是"以法为洲、以法为依处，不以其他为依处"。[12-1]即以法则为彼岸，以法则为依靠。什么法则呢？世界的法则。

这并不奇怪，自古以来我们的祖先就思考这样的问题：万物运行得井然有序，现象的规律为何？背后的本质何在？佛教在历史上的影响力不仅由于宗教，还由于它对上述问题的回答——简洁有力！

* 佛教的基本法

世界的法则千条万条，佛陀总结出最基本的一条：**因缘法**。

何为因缘法？

说得通俗点就是：因加缘，结为果。打个比方吧，各位早上起床，会以为是自己起来的。但在佛教看来，世界上没有你独立起床这回事儿，有的只是因与缘的结合。何为因？你是因，否则的话，起来的不会是你；床也是因，否则的话，你会起在另一个地方或另一个世界。光有

127

因还不够，还要有缘才行。何为缘？各位睡了七八个小时，身体机能发生了变化，再加夜间未遇到地震，床还在那里，都是缘。当然因缘既能结合，也能离散，所以各位又会再卧床、再起床。我们不妨这样理解：事物是因，过程是缘，而结果——本来就无所谓结果。

缘

因 ----------------------------- 果

再说得专业点就是：元素，加上元素间的结合，结合为新的元素。这个公式中，前面的元素叫作因，中间的结合叫作缘，后面的元素叫作果。为什么要用"元素"这个词呢？元素代表了世界的基本组成。我们从元素说起是为了说明：元素如此，则万事万物如此。[12-2]

结合

元素 --------------------------- 新元素

因缘法听起来如此简单，以至于有人问：这不就是因果规律吗？

我们知道，正如佛学讲因缘法，科学也讲因果规律，从万有引力，到化学反应，到条件反射，科学建立在因果规律的前提上。因果规律与因缘法有何不同？我们从三方面来比较。

首先在本质上，它们都属于因果关系，但一个清晰，一个模糊。

因果规律很清晰，科学的眼中容不进沙子，以至于必须明确什么是因、什么是果、什么条件甚至什么概率。这样才称得上清晰的规律。

而因缘法很模糊，佛陀从来没有明确过因有几个元素、果有几个元素、缘有何等条件，他只是模糊地说：世界有因有缘，因缘和合，因缘离散。

其次在内容中，它们都包括物质与人，但一个排除人的意志，一个包括人的意志。

科学的因果规律，仅限于自然规律，不包括自由意志，前者可以预测，后者无法预测。举例来说，我现在手中拿着一个苹果，科学家能判断我如何处理吗？恐怕不能。事实上我有无数选择：可能吃掉它，可能扔掉它，可能与人分享它，可能把它送人，可能把它放回冰箱……这就是我的自由意志。

而佛学的因缘法，则把自由意志纳入因果关系。它是如何解决上述矛盾的呢？很简单：因缘法本来就不清晰！本来就模糊！以上面的苹果为例，佛陀认为：不管你怎么决定，都属于因，与缘结合，都会产生果。这样，人的意志也被模糊成因缘链条中的一环。

最后在地位上，它们都很重要，但一个值得怀疑，一个不容怀疑。

在西方体系中，因果规律不仅可以怀疑，而且已被证明值得怀疑。早在几百年前，英国学者休谟在其《人性论》中，就否定了因果的绝对性：根据亚里士多德提出的"一切知识来自感觉经验"，人们能感觉"因"的现象，也能感觉"果"的现象，可能感觉现象之间的关联吗？不能。以太阳能把石头晒热来说吧，人们能感觉到阳光这件事，也能感觉到石头变热这件事，但两件事之间的关联呢？全凭想象，无法感觉，这就值得怀疑！休谟的怀疑论如此彻底，以至于没人能推翻。[12-3] 从此，因果关系只能被解释为一种心理习惯——"从因联想到果"的习惯。

而在佛教中，因缘法是不容怀疑的。你看，佛陀讲因缘法，既没提供论据，也没提供论证，只要求大家无条件地接受这种基本信念：因缘法是宇宙的基本法。

通过比较，各位了解了因缘法中的"因缘"，下面再了解下因缘法中的"法"。

* 以法为洲

如果我们翻开佛教的原始经典，就能看到"法"的几种用途：可能是元素，可能是法则，可能是法规，可能是教法。

既然这么多种可能，为什么说"以法为洲"的"法"是因缘法呢？原因在于，就像桌子、椅子、书架、大树等在本质上都是木材那样，在上述"法"的具体形式背后，一切法的基本法都是因缘法。

之所以如此肯定，基于三点理由。

理由一，**因缘法才能代表佛教的共性**。我们讲了世界佛教千差万别，共同之处何在呢？因缘法。一位泰国的佛教人士这样描述：人们以为有不同类型的水——雨水、渠水、井水、地下水、海水、河水等，可如果忽略水中的杂物，再忽略水的位置，这些水就没有什么不同：它们都由水分子组成。对佛教的水来说，水分子就是因缘法。不用说水的合成体，就连水分子本身，都由更小的因缘组成。[12-4]我们可以设想，假如没有因缘法贯穿，已经分裂的世界佛教就将从教义上彻底分裂。

理由二，**因缘法才符合佛陀描述的"法"的特性**。

哪些特性呢？

佛陀说"法"是普遍的，存在于一切事物之中，不限于僧团、寺庙、经典之中。常说"佛法无边"，因缘法不随空间改变，它自然"无边"。

佛说"法"是永恒的，在佛陀之前就存在，在佛陀之后也将存在。常说"佛法常驻"，因缘法不随时间改变，它自然"常驻"。

佛说"法"是可以被认识的，没有被他创造，只是被他发现，就像牛顿并没有创造而只是发现万有引力一样。常说"人人皆有佛性"，即人人皆有认识真理的能力，而因缘法，正是这种人人皆可认识的自然真理。

显然，佛陀泛泛所指的"法"就是因缘法。

如果前两点不够分量的话，我还有第三点理由：**因缘法以一法破万法！**

这里的"一法"即基本法。不同于重要法可以有很多条，基本法只能有一条。因缘法要成为基本法，那全部佛法都必须由它衍生，哪怕一条佛法独立在外都不行。于是问题就变为：会不会存在这样一种可能，因缘法是法，某法也是法，两者互不隶属呢？

我可以明确回答：不可能！

各位可能还没有意识到，因缘法是非常奇怪的排他法——只要它存在，其他法则就无法独立存在！这得开动脑筋才能想清楚：

既然一切都因缘和合、因缘离散，

那么一切也包含法则，

那么法则也因缘和合、因缘离散；

那么任何法则，必然是因缘法的衍生！

这就叫"一法破万法"。它没有听起来那么神秘，只是说任何法与因缘法都只能相符，不可能相悖。如果用反证法：假设某法则非因缘所生，那它就违反因缘和合、因缘离散的道理，那它就不再属于这个世界，那它就不再是这个世界的法则！

这又叫"法无定法"。它也没有听起来那么神秘，只是说所有法则都变动不居，连因缘法本身也包括在内！

既然"破万法""无定法"，那么佛教的基本法还不能有多条，只能一条：因缘法。

我们讲了没问题的"法"，再澄清下有问题的"法"。

比如，我们能不能把"法"理解为佛法呢？

可以是可以，只不过这个词太笼统。笼统往往带来神秘，说来奇怪，神秘是佛陀最不希望见到的佛法。[11-5]如果我们追问什么是佛法，还要回到什么是"法"：它可能是万事万物，可能是佛陀的法则，可能是佛陀的法规，更可能是佛陀的教法。其实无论哪种，都比笼统和神秘更近佛法。

又比如，我们能不能把"法"理解为法力呢？

绝不可以！我们能接受各种不同用途的"法"，唯一不能接受的就是法力。常听到有人把"佛法无边"神秘化，好像佛陀的法力无边似的；又有人把"佛法常驻"神秘化，好像佛陀的法力永远存在似的。

在邪教盛行的今天，佛教急需澄清：

第一，法力有违经典——我们在原始经典中，完全找不到把"法"当作法力的用途。

第二，法力有违教义——佛陀强调以自为依、以法为依，因此佛法主流历来坚持"依法不依人"。

可以说，最反佛法的，莫过于法力！

理解了因缘，也理解了法，意义何在呢？

* 佛教的世界观

因缘法如此简单，以至于佛陀用它来解释世界的一切。

首先，因缘法解释了现象。

——现象无主宰。

世界如此纷繁，为什么我们厌恶的现象偏偏出现、我们喜欢的现象偏偏没出现？佛陀解释道：此有故彼有，此无故彼无。[12-5]这是空间上的因缘法。

——现象在变动。

世界流转不息，为什么好事、好心情不能持久？坏事、坏心情却挥之不去？佛陀解释道：此生故彼生，此灭故彼灭。[12-5]这是时间上的因缘法。

——现象不单一。

世界相互关联：小到极微——分子、原子、质子、电子关联成网，组成了物质；大到无限——地球、月亮、太阳、星河关联成网，组成了宇宙。可关联的机制何在？因与缘的和合、因与缘的离散。

今天这已被科学证实：我们看到的纸张、家居，总有一天会化为肥料，被生物利用后变成木材，再变成新的家居、纸张。自然界如此循环，人类何尝不也如此循环。我们照镜子看到的自己，每隔七年就会更新所有细胞，原料来自地球上的其他物质。从元素到整体，都在因缘中循环，毫无例外！

其次，因缘法解释了本质。

西方哲学认为，现象与本质不同，前者是短暂而有限的表象，后者是永恒而无限的存在。这种判断并非凭空而来，它来自对本质的向往：万物有生有死，神却永垂不朽。

佛教则认为，现象与本质无绝对不同，前者是粗因缘，后者是细因缘，只是粗细不同而已。这种判断也非凭空而来，它来自佛教独特的观察，假如在禅定中"观"现象、"观"本质，就会发现它们的属性一样：因缘和合、因缘离散。

甚至，因缘法解释了另一个世界。

相对于科学解释了今生今世，佛学则解释了生生世世。佛教认为，生命是永恒的，因缘法是跨越生死的。假如此刻"观"生、"观"灭，再去想象过去世、现在世、未来世，就会理解它们的法则一样：因缘和合、因缘离散。

这再次印证了轮回的意义：它不是佛教中的信念，而是佛学中的必需——假如因缘法只在今生有效，却于未来断灭，就不成其为无限之法了。相反，由于不仅无限的空间，而且无限的时间（轮回），都按照因缘法运行，才让"一法"遍及"万法"。

于是，佛陀世界观与宗教观融为一体：

第一，神不主宰生命和轮回；

第二，因缘主宰了生命和轮回；

第三，唯一能改变因缘的只有我们自己。

结论是：依靠自己、依靠因缘，即以自为依、以法为依。开玩笑地说，佛陀把"神的宗教"变成了"因缘的宗教"。

当然这只算玩笑，事实上，因缘法毫无宗教神秘可言，它不过是对自然规律的朴实描述罢了。可"自然规律"这个词，怎么听起来有点科学的影子呢？

*像科学却非科学

我们回答一个常见的问题：佛教是不是科学？

比如有个电视节目叫《佛教与科学》，把佛教描述为一门古老的科学；还有很多颂扬佛教的书，也持类似的观点。我不反对颂扬佛教，但实事求是地讲：佛学仅仅像科学而已。

"像"的原因在于两者兼容，这听起来着实令人诧异。要知道在欧洲近代史上，曾出现科学与基督教长达数百年的激烈冲突，最终以科学胜利而告终，可至今为止，各位很少听说佛教与科学的争论。为什么呢？

我以为原因有二：

首先，佛学与科学一样，都强调理性。比如两者都寻求法则，只不过科学给出的因果关系比较细致，而佛教给出的因缘法比较笼统。再如两者都强调实证，只不过科学以实验为实证，而佛陀以经验为实证。又如两者都强调怀疑，只不过科学怀疑假设，而佛教怀疑常识——后面讲到的关于单一、不变、主宰的常识。[12-6]可以说，在追求理性的态度上，佛学与科学高度一致。

其次，佛教提出的某些构想与现代科学不谋而合。简而言之，佛教质疑时空的真实性，为现代物理学中的量子力学所印证；再如，佛教质疑语言的真实性，在两千多年后引起了现代分析哲学的共鸣；又如，佛教质疑感觉的真实性，与西方哲学中从柏拉图到康德的说法类似。如此等等。我只能解释说，佛陀是位惊人的"观察者"，后面会讲到他的观察方法。

但佛学像科学，不表示它就是科学。

即便不谈佛教的神秘，只谈佛学的理性，它仍然不是科学，为什么呢？

首先从科学的定义上看，佛学虽有实证，却不等于科学的实证。我们知道，科学的实证包括实验、观察、归纳、假设等一系列流程，还包括客观性、准确性、普遍性等一系列标准。正因为有流程、有标准，科学有办法检验佛学；反过来，佛学却没办法检验科学！

从更严格的科学的定义上看，**佛学不足以证伪，这是它与科学之间的分水岭。**佛教中的大多数理论，如不信神力、信轮回，都可以解释一切却永远不会出错——根据波普尔的逻辑，恰恰证明不是科学！

请不要以为一本宣扬佛学的书在贬低佛学，不仅我们在就事论事，而且此事还不是佛学的错。要知道，科学的出现是人类历史上的伟大偶然，可以设想：不仅佛学，就算儒家、道家、基督教、伊斯兰教、犹太教再发展几千年，也都产生不了真正的科学。科学就偶然到这个地步！

* 不太够哲学的哲学

既然不是科学，那佛学是不是哲学？

我们先搞清楚什么是哲学。

关于哲学的定义，大师罗素精辟地描述为"介乎神学与科学之间的无人之域"。[12-7]也就是说，如果各位发现某种学说很理性，却又无法像科学那样证实、证伪，那各位就发现了哲学。关于哲学的内容，讲得专业些，它包含本体论、认识论、实践论等；讲得通俗些，它包含世界观、社会观、人生观等。

我们来确认下佛学是不是哲学。

首先，因缘法自身就既理性又非科学，符合哲学的定义。其次（再简而言之），佛学中有本体论——因缘法，认识论——五蕴说，实践论——八正道，符合哲学的内容。因此，**佛学是哲学没错**。

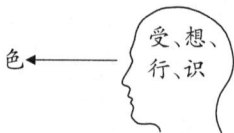

五蕴：一种在外，四种在内

可换一个角度看，佛学又不太够哲学。比如我们从世界观、社会观、人生观角度分析，就会发现这门哲学——"严重偏科"。

你看，佛陀不怎么关心世界。

一个证据是，佛陀讲世界观只讲因缘法，讲完这条就戛然而止了。谁见过如此单薄的世界观呢？另一个证据是，佛陀把世界分为五种组成——物质、感受、判断、意志、意识，其中物质占了一项，精神占了四项。即使这仅存的一项，还不包括全部物质，只包括我们能感知的部分，理由很简单：佛教承认客观世界的存在，却认为只在能被感知的前提下，客观世界才与生命有关，否则就无关！

反观西方哲学，从希腊时代开始，就对什么是世界的本原充满好奇；即使在中国哲学中，儒家强调格物致知，道家以自然为怀。相比起来，佛陀对自然界的兴趣很淡很淡。所以说，世界观不是佛陀学说的重点。

再看，佛陀也不怎么关心改造社会。

我们从佛陀留下的原始经典中很难找到改变社会的学说。有人会反驳我说：印度社会存在种姓歧视，而佛陀强调种姓平等，不是社会革命吗？确实，佛陀曾经重用一名奴隶出身的僧侣做自己的助手，但佛陀这么做的理由，仅仅是以出家人的名义。佛陀说：正如所有的大河汇入大海后，都放弃河名而叫大海，四种姓按照佛陀的法律成为出家人后，也放弃原名而叫佛弟子。[12-8]看来佛陀的理念固然革命，却范围有限。事实也如此：佛陀从来没号召社会大众起来要求平等。

也有人会反驳我说：佛陀自己不在身体力行改造社会吗？没错，佛陀一生讲经说法，确实有这样的实际效果，但并非出于这样的目的。佛陀说：首先于自己，安置正法道，然后诲他人，贤者将无过。[12-9]你看，他人都要在自己之后，那社会大目标不就更靠后了吗？

至于为什么会这样，还是因为佛陀志不在此。从他的一生即可看出：佛陀早年逃离王宫，放弃王位；在创立佛教之后虽与各国王多次对话，却很少像孔子、孟子、墨子、韩非子那样参政议政，即便偶尔提到"转法轮王"，也没有什么具体措施。最典型的例子，莫过于当祖国行将灭亡时，佛陀劝阻不成也就放下了，他对世间的兴趣，到此为止。所以说，社会观也不是佛陀学说的重点。

但你看，佛陀非常关注人生。

这倒很好理解，我们讲了"佛陀的学说是生命的学说"，不过万事有利有弊，这句话反过来意味着：此学说最不关心环境。**我们不禁要问：如此少世界观、少社会观，仅人生观，能算够哲学吗？恐怕不够。**

要说佛学不太够哲学，我们还可以从另一个角度分析。哲学的原意是爱智慧，爱智慧就要爱讨论，哪怕费时、费力、没实用价值。事实上，越费时、费力、没实用价值，才越衬托对智慧的真爱，才越够哲学！

可到佛陀那里，他只关心实用价值，以至于拒绝回答这样一些问题：[12-10]

* 世界永远，还是暂时？

* 世界有边，还是无边？

* 身体与灵魂相同，还是不同？

* 佛陀死后存在，还是不在？

类似的问题佛陀不止被问过一次，而是在不同场合被不同人问过几次。说明什么呢？首先，大家觉得佛陀能够回答、应该回答，否则就不会反复问。其次，在当时的印度这些都属于"热点问题"，否则在信息严重不流通的情况下，不可能几次问得那么相似。无独有偶，如果把上述问题中的"佛陀"二字去掉，就变成了西方哲学中的"热点问题"。

结果呢？佛陀多次沉默不语，只有一次给出了一个比喻，他说：某人被毒箭射中，他的同事、家人急着为他请医生治疗，怎料伤者却不急不慢地问：谁射的箭？什么高矮？什么出身？什么名字？什么肤色？接着又问：哪种箭？怎样的弓？怎样的弦？怎样的羽？怎样的毒药？还誓言没结果就不拔箭，结果伤者还没弄清答案就死去了。

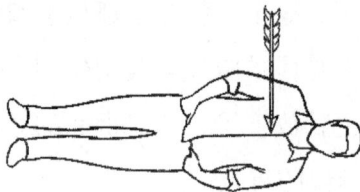

佛陀箭喻品

接着，佛陀表态对讨论问题不感兴趣，他说：为什么不予说明？因为它们无用，无助于修行，无助于解脱，无助于智慧，无助于觉醒，无助于平静。[12-11]

佛陀表态只对解决问题感兴趣，他说：我说明这是苦的现象，这是苦的升起，这是苦的消灭，这是灭苦之道。为什么予以说明？因为它们有用，有助于修行，有助于厌离，有助于智慧，有助于觉醒，有助于平静。[12-11]

我们又不禁要问：如此不讨论问题，只解决问题，能算够哲学吗？恐怕也不够。

"不太够宗教的宗教""不太够哲学的哲学"，对现代人来说听着奇怪，但对佛陀来说太正常不过。想一想，为什么先请各位"抓住主线"？因为不管我们现代人如何细分——世界观也好，社会观也好，人生观也好——在佛陀那里，归根到底都是为了一个目标：解决生命的问题。

在抓住主线的同时，让我们也进一步缩小下范围：关于佛陀的学说，之前剥去了这枚洋葱最外面一层宗教，现在再剥去中间一层哲学，剩下就是这枚洋葱中最纯洁、最有营养的核心了。

13. 佛说心理：从苦开始

——人生真的苦吗？

了解 Big Picture（整体画面）之后，我们该进入主题了。佛陀观世界，为的是观人生。佛陀的人生观主要有三条：**无常、苦、无我**。这三个概念对佛教如此重要，以至于常常被称为"三法印"，意思是像三枚印章那样重要。可它们是不是像三枚印章那样彼此独立呢？不。它们不仅同源，而且同归。

所谓同源，即它们从哪里来。

当然从因缘法而来。如果不清楚这点的话，各位会以为佛教的概念很多、很散：有人把佛教称为"因缘说"，有人把佛教称为"无常说"，有人把佛教称为"苦的学说"，有人把佛教称为"无我说"。

说很多没错，说很散未必，因为佛教概念之间是关联的：因缘法主要讲自然，相当于世界观；无常、苦、无我主要讲生命，相当于人生观。常说"世界观决定人生观"，佛教尤其如此。如果未了解这点而进入佛学的理论与方法，难免会忽略理论与方法的根本：什么造成了无常？什么造成了苦？什么造成了无我？源头都在因缘法。这也是我们先从 Big Picture 开始的缘故。

所谓同归，即它们向哪里去。

当然向解决生命问题而去。我们知道，佛陀是讲求实用价值的，不会凭空提出几条教义却无助于解决人生的问题。可人生要解决的问题很多，佛陀从哪里入手呢？苦。

*从苦入手

佛陀用苦，贯穿了人生。

什么是人生的苦？生、老、病、死是苦，忧、悲、恼、苦是苦。你可能说，这些都是自然界的普遍现象啊！没错，动物、植物也苦，但人类格外苦。原因在于：动植物只有感觉，只有浅层的苦；而人类还有思维和情绪，多了深层的苦，可谓苦上加苦。

佛陀用苦，贯穿了人类。

什么是人类的苦？天灾人祸是苦，战争饥荒是苦，利益冲突是苦。全世界的民族都有苦，过去和现在都有苦，苦的共鸣，让佛教跨越时间与空间，成为全人类的共同智慧。

如果说因缘法贯穿了佛教内部，那么"苦"就贯穿了佛教与人。

我们不禁要问：这么重要的话题，难道没有其他学说讨论过吗？

有倒是有，多少都会涉及一点，但世界上以"苦"为专题的恐怕只有佛教。我们知道，任何一门流传至今的学说都找对了切入点：或者解决世人想解决的某个问题，或者关注世人都关注的某个话题。比如，西方哲学的切入点是"爱智慧"，基督教的切入点是"爱上帝"；又如，中国儒家要解决"人与社会"的问题，道家要解决"人与自然"的问题；再如，现代科学关注"客观规律"，心理学关注"意识与行为"。这些学说为什么不"以苦为题"呢？反过来讲，佛陀的学说为什么不以上述主题为切入点呢？

我想，一是目的不同：佛陀的学说以解决问题为目的，不以求知为目的，这就排除了哲学和科学，而剩下的基督教、伊斯兰教、犹太教、儒家、道家又相对关心社会问题，佛陀志不在此。二是方法不同：佛教的方法不靠上帝、不靠社会、不靠自然，只靠自己。两个条件加起来，佛陀想解决的问题、能解决的问题，首先就是苦的问题。

看来佛陀从苦入手谈人生，着实与众不同。可问题是：人生真的苦吗？要回答这个问题，我们要先回答：什么是"苦"？

*什么是苦

"苦"之所以不简单，首先因为这个词有多重含义。

佛教中的苦是翻译而来的，[13-1]在印度梵文中有"变动、败坏"的意思。因此：

苦的第一层意思是变动之苦。比如今日阳光普照，明日狂风暴雨，世界永远处于变动之中，佛陀称之为"行苦"。[13-2]

苦的第二层意思是败坏之苦。比如花无百日红，人无千日好，好的东西无法持久，佛陀称之为"坏苦"。[13-2]

上述两层意思，可以说是苦的本意。

请注意至此为止，苦是客观的。因为变动、败坏都来自客观世界，我们还没做任何主观反应，苦就已经在那里了。这与痛苦不同，痛苦一定是主观的。

至此为止，苦也是中性的。你可能说，变动是中性的好理解，可败坏是负面的吗？其实败坏有两种可能：好的事情可能变坏，坏的事情可能变好。即便从好变坏的情况，也先变好、后变坏，不可能完全负面。这又与痛苦不同，痛苦一定是负面的。

上述解释——苦是客观的、苦是中性的、苦不是痛苦——常常被用来说明"佛教并不悲观"。合不合理呢？

不合理，让苦摆脱痛苦，无异于自欺欺人。问题在于："苦"字的中文在先，"苦"字的翻译在后。如果梵文中仅有"变动、败坏"的意思，为什么不把佛教中的苦翻译为"变"或"易"或"动"或"坏"

呢？为什么不把"人生是苦"翻译为"人生在变"呢？显然，苦的含义不止于"变化、败坏"两层意思。更合理的说法是：本意的客观、中性不假，可现实中容易转化为主观、负面也没错。

这就是苦的第三层含义：痛苦。即我们对前两种苦的心理反应，可谓苦上加苦，佛陀称之为"苦苦"。[13-2]

变动之苦、败坏之苦，加上痛苦，才是苦的完整定义。

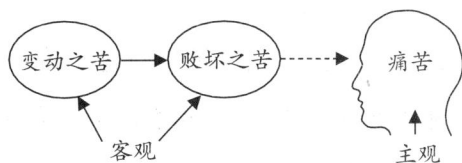

苦的链条一

可"完整"不意味着每种定义同时出现才"完整"。

其中，只有第一种苦——变动之苦——才百分之百发生。日月流转，思绪奔腾，沧海桑田。变动必然发生。

到了第二种苦——败坏之苦，必然性就降低了。比如我们把一颗种子埋在地里，它可能自行腐烂，也可能自行发芽。不过佛学认为：种子即使发芽，总有一天会成熟；成熟以后，总有一天会腐烂。败坏终将发生。

再到第三种苦——痛苦，必然性就更低了，甚至毫无必然可言。因为面对世界的变动、败坏，我们可以反应也可以不反应。事实上，整个佛学都在教人如何不反应，不过这么教的原因在于，佛学认为世人对客观之苦的主观反应很正常。痛苦趋向于发生。

现在我们知道苦不简单在哪里了：它有三重含义，还对应着三重递减的可能性。

为了进一步理解苦，我们还要澄清两个相关的概念：无常故苦、一切皆苦。

*无常故苦、一切皆苦

何谓"无常故苦"？[13-3]

换个问法就是：苦从何来？在苦的三重含义中，我们已经看到**苦的链条：从变动，到败坏，到痛苦**。如果向前追溯：什么产生了变动？答案是无常。

所谓无常，从字面上看，就是没有恒常。这不难理解，既然因缘在和合、因缘在离散，那恒常不正常，无常才正常。万事万物无不如此。所以佛陀说：一切行无常。[13-4]

有人会说：这不是东西方学说的共同说法吗？在西方，希腊哲学家赫拉克利特说：人不能两次踏进同一条河流；在东方，孔子说：逝者如斯夫，不舍昼夜；老子也说：飘风不终朝，骤雨不终日。没错，思想家们都在强调世界变动的本质。

可别忘了，佛陀的重点不同：虽然包括世界，着力却在生命。佛陀反复、细数"五蕴"无常，[13-5]即五种组成不恒常：身体不恒常、情绪不恒常、判断不恒常、意志不恒常、意识不恒常。总之，生命无常。

正是由于重点不同，各种学说虽然都讲变动，可在变动之后就分道扬镳了：希腊哲学家引申出一套"为什么变动"的自然哲学；中国哲学家引申出一套"有为或无为"的社会哲学；而佛陀，则引申出一套"无常、苦、无我"的生命哲学，起点就是"无常故苦"。

接下来，何谓"一切皆苦"？

如果继续向前追溯**苦的链条**：在无常之前，什么产生了无常？答案是因缘和合、因缘离散。佛陀说：了解因缘法，才能了解苦升起；不了解因缘法，就不能了解苦升起。[13-6]显然，更完整的链条是：**从因缘法到无常，从无常到变动，从变动到败坏，从败坏到痛苦**。既然一切皆因缘，必然"一切皆苦"。

我想要澄清的是：这两个概念中的苦，指的是哪种苦呢？

仅限于变动之苦。

关于"无常故苦"，试问：我们能说"无常所以败坏"吗？不能，因为败坏未必立即发生。我们能说"无常所以痛苦"吗？更不能，因为痛苦根本就不必发生。我们只能说：无常所以变动。

关于"一切皆苦"，同样的道理，"一切皆败坏"不成立，"一切皆痛苦"更不成立，我们只能说：一切皆变动。

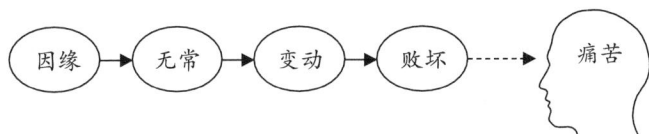

苦的链条二

结论是：不要过度引申。尤其不要引申到"无常故痛苦""一切皆痛苦"的地步。那样的话，就会让人误解佛教很极端。相反，佛陀的苦非常理性，**理性到有三重含义、有三重可能的程度**。

讲完了什么是苦，下面进入主题：人生苦不苦？

* 人生是苦

佛家常讲"人生是苦"，甚至有时延伸为"苦即人生"。这难免引起争议。

争议在于：人生真的痛苦吗？在大众的眼中，好像人生既有痛苦，也有快乐，平静何尝不也是一种选择。说人生有苦没问题，可如果扩展到人生是苦，就好像把"有时阴天"扩展到"全是阴天"，有没有逻辑上的问题呢？

这就是为什么我们刚刚费力解释**"苦不止一种"**的缘故。因为非如此，我们就不足以解释"人生是苦"：

145

首先，人生有变动之苦。比如我们看一个小孩，多可爱啊，可小孩会长大；小孩长成了青年，多希望他或她留在身边啊，可青年人会出走；青年人走向社会，多朝气蓬勃啊，可他或她会老去。人生必然变动。

其次，人生有败坏之苦。虽然生活中有美好，但美好总会褪去。在佛教看来，我们饿了吃饱是一种美好，困了睡觉是另一种美好，享受亲情是最难忘的美好，这些都不可能永远持续。人生终将败坏。

最后，人生有痛苦。虽然理论上面对成长、离家、变老，我们应该坦然面对，但十有八九做不到坦然，否则就不是凡人了。人生倾向痛苦。

加起来：

第一，人生必然变动；

第二，人生终将败坏；

第三，人生倾向痛苦。

这才是"人生是苦"的完整含义。

现在我们知道为什么"人生是苦"容易引起争议了：它强调一种客观——人生在变动、人生有败坏，可人们想到一种主观——人生是痛苦。结果苦与痛苦被不必要地挂钩，陷我们于两难的境地：

——说人生全是痛苦吧，这等于夸大了痛苦的倾向，因此错误。

——说人生没有痛苦吧，这等于忽略了痛苦的倾向，因此也错误。

怎么办呢？我们有两种选择：

——如果能让"苦"与痛苦脱钩，那我们可以按照第三重含义，把"人生是苦"解释为"人生倾向痛苦但未必痛苦"。

——如果非要把"苦"解释为痛苦，那我们不如把"人生是苦"改为"人生有苦"更好。

不管上述哪种选择，都合于佛陀的理性，也都胜过笼统的长吁短叹。

为了进一步理解"人生苦不苦"，我们再澄清两个相关的问题：快乐苦不苦？生老病死苦不苦？

*快乐是苦?

首先要答疑的是:既然"人生是苦",那快乐也是人生的一部分,难道快乐也是苦吗?

一方面,佛学不否认快乐存在,包括物质的快乐、精神的快乐、生存的快乐。可另一方面,佛学又提醒我们快乐不实有。

如何不实有?

首先,快乐必然变动。物质也好,精神也好,生命也好,都不确定。《大智度论》中举了个例子:同样被打三十大板,如果先判死刑,后改判三十大板,人会觉得快乐;反之如果凭空打三十大板,人会觉得苦。快乐就这么莫测。

其次,快乐终将败坏。花无百日红,人无千日好,宴会终将散去,人生没有永恒。《大智度论》中又举了个例子:刚坐下时乐,坐久了则苦;刚躺下时乐,躺久了则苦。快乐就这么短暂。

最后,快乐倾向于痛苦。我们吃惯了好的,会吃不下差的;我们习惯了拥有,会担心失去;我们享受了人生,会害怕死亡。《大智度论》中还有个例子:先尝一勺糖很甜,用河水冲淡后再尝就苦,快乐就这么引发不快。

所以听着奇怪,但无法否认:快乐符合苦的三重定义。

听着更奇怪的是,按照上面的逻辑,一切人类的情绪都符合苦的三重定义,只不过"快乐"算其中反差最大的一种。

的确,翻翻原始经典就会发现:佛陀很少提及快乐。佛陀虽然提到过"乐",可并不指快乐,而指禅定中的平静,甚至最终的解脱。与快乐之少遥相呼应的是,佛陀提到了太多的苦——无常故苦、一切皆苦、人生是苦。各位不禁要问:如此少乐又如此多苦的学说,是不是有点悲观呢?

要为佛教辩护的话，我本来可以指出：苦是变动、苦是败坏、苦非痛苦，当作自然规律好了，有什么好悲观的呢？可我并不想如此辩护。

一种来自佛教界的辩护是：佛教既不是乐观的，也不是悲观的，而是现实的。[13-7]

但问题是，我们见到的世界上所有宗教，无论在外人眼中多么不现实，都被其信徒认为现实。用现代的理性比较而言，我想告诉各位的是：**佛教本来就是一门"悲观"的学说！**（但并非坏事）

起码，佛教有悲观的倾向。我之所以这么说，不仅因为苦趋向于痛苦，更重要的是，请各位想想：佛陀讲苦，目的何在？他从因缘法讲到无常，从无常讲到变动，从变动讲到败坏，最终是要剖析痛苦——痛苦才是他的目标！

深度上看如此，广度上看亦然。回答"快乐苦不苦"，佛学认为：没错，**快乐也是苦**！于是在无常故苦、一切皆苦、人生是苦之后，我们还要加上"快乐是苦"。世界上还有比佛学更"苦"的学说吗？它当然是一门"悲观"的学说！

*生老病死是苦？

接下来，要答疑的是：生、老、病、死苦不苦？

作为世界级"苦的专家"，佛陀曾经列出过各种形式的苦，常见的有二苦、三苦、七苦、八苦，最多达一百一十种苦之多！

所谓二苦，即身苦、心苦。

所谓三苦，即行苦、坏苦、苦苦。

所谓七苦，即生、老、病、死、求不得、爱别离、怨憎会。

所谓八苦，即在七苦后面加了个生命的统称。

下面重点讲"二苦"和"七苦"，因为生、老、病、死苦都是从这里来的。[13-8]

```
                      人
            ┌─────────┴─────────┐
            ▼                   ▼
          身苦                 心苦
    生苦、老苦、病苦、死苦      求不得苦、爱别离苦、怨憎会苦
```

二苦与七苦的对应关系

如图所示，二苦与七苦是对应的，后者是前者的细化：生、老、病、死对应"身苦"——生理上的苦；求不得、爱别离、怨憎会对应"心苦"——心理上的苦。

我们先看看"身苦"。

传说中，悉达多就是看到分娩者、老人、病人、死人才出家的，显然他很看重生、老、病、死苦。其中"老、病、死是苦"都好理解，唯有"生是苦"不好理解：君不见，小孩出生之后，家家户户都在庆祝吗？

我们只能说：首先，没有生，就不会有老、病、死；其次，不仅婴儿开启了苦的一生，而且母亲们承受了分娩之苦；最后，"生"也符合苦的定义——它必然变动，它终将败坏，它倾向痛苦。

因此我们可以确认：生、老、病、死是苦，没错。

虽说没错，可"身苦"难以改变，因此我们再看看"心苦"。

"求不得苦"即感到不满足：在物质上渴望美食、美味、美色，在精神上渴望爱情、亲情、友情，对生命渴望长生不老，都得不到彻底而永恒的满足。究其原因，"求不得苦"源于快乐，因为快乐才会有所求，有所求才会求不得。说白了，这是快乐带来的痛苦。

"爱别离苦"即不希望分离：可能是配偶、父母、子女、友人、同学、一面之交却相见恨晚的朋友，也可能是已经拥有的财富、地位、名声。其实，"爱别离苦"是"求不得苦"的引申，因为有所求才会爱，

149

爱才会有，有才会爱别离。说白了，这是爱所带来的痛苦。

"怨憎会苦"即不希望遇到某人，却偏偏遇到此人；或者不希望发生某事，却偏偏发生此事，于是产生了"既生瑜何生亮"的感慨。其实，"怨憎会苦"也是"求不得苦"的引申，因为求不得才会怨，怨才会恨，恨才会怨憎会。说白了，这是恨带来的痛苦。

与生理之苦相比，心理之苦的意义在于可以改变——我们学习佛学与心理学正是为了"灭苦"，不是灭身苦，而是灭心苦！

回答"生、老、病、死苦不苦"，佛学认为：没错，**生、老、病、死也是苦**！我稍加补充：尽管没错，它们并非"苦"的重点。

至此，我为各种"苦"做了各种辩护。可辩护本身已经说明：这是一个多么容易令现代人误解的概念！因此我以为：一切都在与时俱进，"苦"也应该与时俱进。

*苦即烦恼

看看时代发生了怎样的巨变：

首先，人类的物质条件改善了。比起古印度极端恶劣的自然环境，今天，食品的充足、医疗的进步、寿命的延长，都让现代人不那么担心生、老、病、死，反而在讨论减肥、剖腹产、安乐死这些古人闻所未闻的话题。即便我们说生、老、病、死不是"苦"的重点，可问题是：现代人认为它们根本不苦！

其次，在精神层面，人类的认知变得理性了。比起古印度人把"人生是苦""轮回是苦"视为神秘，今天，在科学普及的情况下，如果我们仍然劝人"跳出生、老、病、死的轮回"，恐怕很难引起普遍的共鸣。

同样在精神层面，更无法忽视的是动机上的改变：追求快乐成为现代人的共同目标。虽然不合佛法，却无可厚非：人生需要目标——身、心、灵的快乐正是大多数现代人追寻的目标。如果哪位对此有所怀疑的话，我敢保证如下：即便本书解释了"快乐是苦"，即使各位理解了"快乐是苦"，仍然无碍各位明天继续快乐！这是难以否认的现实，也是难以改变的现实。

于是我们就能理解现代人对"苦"的不解：

第一，今天人们需要快乐，**可佛教否定快乐，二者直接矛盾。**

第二，今天人们不认为生、老、病、死是苦，**可佛教太强调生、老、病、死是苦，又直接矛盾。**

看一看今天的年轻人就知道，有多少人不希望享受人生呢？又有多少人希望停止生命循环呢？有肯定有，往往是有痛苦经历的人。正因为如此，我们在佛教活动中，越来越多地见到中老年人的身影。

或许保守人士不以为然：佛教是古老的、永恒的真理，何必要适应这个时代的理解力呢？必要就在于：佛陀之所以创立佛教，既不是为了孤芳自赏，也不是故弄玄虚，而是为了关怀世人。如果佛教拒绝改变的话，当然最容易不过，可那样的话，佛教如何帮助现代人的心灵呢？这将既是现代人的损失，也是现代佛教的损失，更是佛陀不希望看到的情况。

怎么办呢？

首先要解释佛陀的理性——据前面的解释，苦有三种含义，矛盾可以化解。比起不愿讲、不许讲、讲不清的超然态度，我以为朝解释问题的方向努力，本身就算与时俱进的第一步。

可光解释就足以解决问题了吗？对爱智慧的你也许可以，对更多人却未必。因为第一，并非人人有耐心听；第二，就算耐心听的朋友也可能说：佛教固然没错，但是否不合时宜呢？

出于这种考虑，我以为还有必要迈出与时俱进的第二步：重新定义"苦"。

各位已经知道新的定义：**苦即烦恼。**

在不违反教义的前提下，我们只是精简了教义：精简掉了难以改变的生苦、老苦、病苦、死苦，留下可以改变的求不得苦、爱别离苦、怨憎会苦——即烦恼。

估计各位还不知道的是，新的定义意味着什么：

这样一来，"苦"就好理解了。

很多人不理解人生是苦，可谁不理解人生烦恼呢？谁的人生没烦恼呢？口说无凭，我对此进行了实证。

需要承认，本次"佛学心理学实验"受华生实验（第五章）的启发——我问自己的两个小孩（一个上小学，一个上中学）："你们苦不苦？"结果他与她，茫然地看着提问者，经再次解释后勉强回答："好像不苦。"作为对比实验，我接着问："你们烦恼不烦恼？"这次他与她立即回答："功课很烦啊！"各位看看，换种说法简单多少！

这样一来，"不合时宜"的问题也解决了。

重新审视"快乐苦不苦"，不妨如此理解：现代人要快乐很好，前提是不要烦恼，而佛学，至少有助于实现前提。

重新审视"生、老、病、死苦不苦"，不妨如此理解：现代人身体的痛苦在减轻，心中的烦恼却在加重，后者甚至可能逆转前者，而佛学，正是消灭烦恼的学说。

于是我们理直气壮地回答：佛学不是不合时宜，相反正合时宜！

这样一来，佛学的学术定位也清楚了。

我们讲了佛学是一门"最苦"的学说，它描述苦、分析苦、理解苦、体验苦，最终消灭苦。如果把苦换作烦恼的话，佛学也是一门"最烦恼"的学说：对一门描述烦恼、分析烦恼、理解烦恼、体验烦恼，最终消灭烦恼的学说，我们该如何称呼呢？

最贴切的名称，莫过于心理学吧。

经过层层剥茧，我们可以回答这一部分开头的问题了：佛学是不是心理学？

结论是：佛学大于心理学，但核心就是心理学！

至于为什么大学不把佛学设置在心理学系，我只能说：或许教授们还没读到这本书吧。可以理解的是，本书也还没写完：佛学究竟是怎样的心理学？

14. 佛说治疗：灭苦为终

——悉达多的心理学提纲

我们讲佛陀的学说不是科学，可我们又讲佛陀的学说是心理学，是不是矛盾呢？很难讲。

按照我对心理学的定义并不矛盾，因为我认为心理学 = 科学 + 非科学，那佛陀的学说不是科学，正好完全符合这个新定义。

可有人会说：你的定义不算，起码还未生效，就在现代心理学一切不变的情况下，矛盾不矛盾呢？

我说仍不矛盾，因为只要把佛陀学说与弗洛伊德学说"挂钩"即可。

如何挂钩？

关于证实：尽管一般人认为弗洛伊德学说难以准确、客观、普遍地观察，但弗洛伊德坚持说精神分析就是实证。我估计佛陀的学说会遇到类似指责，可要争辩说：佛学的觉知与精神分析类似，如果弗洛伊德的方法算实证，那么佛陀的方法也算实证。

关于证伪：尽管波普尔指责弗洛伊德的学说"可以解释一切、永远不会出错"，但现代心理学界并未因此开除弗洛伊德。我估计佛陀的学说会遇到类似指责，可要争辩说：如果弗洛伊德的无法证伪可以被忽视，那么佛陀的无法证伪同样应该被忽视！

这就是挂钩的好处：现代心理学承认一个，就必须承认另一个！

于是各位接受了：佛学不仅是心理学，甚至是现代心理学。哪里"难讲"呢？

难就难在：第一，佛学不是科学；第二，佛学是现代心理学；第三，现代心理学又被定义为科学。单独看每条都不矛盾，加起来没有比这更矛盾！

如果排查问题出在哪里，第一条依据科学的定义，第二条依据上面的"挂钩"，都不会有问题。唯一的可能在第三条：现代心理学的定义有问题！这是本书第一部分要解决的问题，解决了才不矛盾。

言归正传，关于悉达多的心理学，我们可以讲得很简单，也可以讲得很复杂。我准备先简述一遍，再详解一遍。至于为何如此，各位很快会知道。

* 佛陀的提纲

如果求简，**悉达多的心理学可以简单到四个字：苦、集、灭、道。**

这四个字被称为佛学的"四圣谛"。其中"谛"是"真理"的意思，因此"四圣谛"就是"四条真理"的意思。具体来说：

苦——苦的现象

集——苦的升起

灭——苦的消灭

道——灭苦之道

前两项"苦和集"应该没问题，可后两项"灭和道"就要说明了。

第一种误解来自翻译。

我们不能把"灭"当作动词，翻译为灭苦的方法，那样的话，接下来"道"是什么呢？也是灭苦的方法。不就重复了吗？

相反，我们只能把"灭"当作名词，翻译为"苦的消灭"，这样的话，"灭"是目标，"道"是方法，才不会重复。

第二种误解来自逻辑。

我们不能把"苦、集、灭、道"理解为常规逻辑：因为有苦的现象，所以有苦的升起；因为有苦的消灭，所以有灭苦之道。那样的话，好像次序颠倒了：已经实现苦的消灭了，何必再谈灭苦之道呢？

究其原因，我们往往按照因果思维——先说因，后说果，比如说：太阳出来了，所以温度升高了。而另一种逻辑按照"果因思维"——先说果，后说因，同样的例子会说：温度升高了，因为太阳出来了。[14-1]这样就好理解了，"苦、集、灭、道"包含着两层"果因思维"：

第一层：苦，因为集；

第二层：灭，因为道。

加起来：苦的现象，因为苦的升起；苦的消灭，因为灭苦之道。

看来，"四条真理"不是不合逻辑，而是不能更合逻辑！

这"四条真理"意义何在呢？

说实话，从最早到现在，我也没看出这四个字本身有何真理，倒以为每个字引申出的内容，才是佛陀所指的真理。"谛"字的翻译没错，[14-2]但对我等俗辈来说，或许"纲领"更好理解吧。

四条纲领加起来，就是悉达多心理学的提纲。

这才是"四圣谛"的意义所在。前面我们不是一直讲抓住主线吗？提纲正是主线中的主线！要想进一步转换成与心理学更相通的表述，我们可以把前面翻译中的"苦"改为烦恼，把"灭苦"改为治疗，这样提纲就更好理解了：

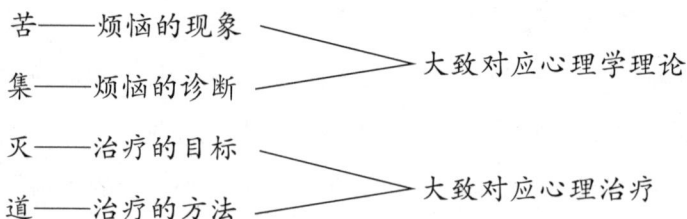

苦——烦恼的现象
集——烦恼的诊断 } 大致对应心理学理论

灭——治疗的目标
道——治疗的方法 } 大致对应心理治疗

提纲中的"苦"前一章已经讲过，接下来讲提纲中的"集"。

* 烦恼的诊断

"集"是"集成"的意思，在"苦、集、灭、道"中意思是什么集成了烦恼。

请注意，前面我们讲的苦从何来，不等于烦恼何来，因为"无常故苦"只解释了客观之苦，尚未解释主观烦恼。前者要转化为后者，除了客观因素外，一定还有主观因素。哪些主观因素呢？

佛陀曾给出过不同的答案，都出自不同的佛教经典。我们只有把答案集中到一起，才能找到其中的关联。

I. 烦恼来自认知与行为

第一种说法，按照烦恼的过程解释：烦恼来自认知与行为。

佛教中常说"惑业苦"。[14-3]其中"惑"即错误的认知，"业"即行为，"苦"即烦恼。加起来是一种因果关系：错误的认知产生了错误的行为，相互作用产生了烦恼。

烦恼来自认知，这没问题，但你会问：烦恼真需要行为吗？比如说我什么都没做，不也会胡思乱想吗？确实，佛学中的行为与现代心理学中的行为不同，它包括身体、语言、意志三部分。因此一是不限于身体，二是从意志开始。佛陀说：心之意欲，即我所说的业。就是说只要有意志，行为就当发生了，善意不论有无成就都算善业，坏意不论有无损失都算恶业。

举个例子吧，你见到一朵很美的花，并未采摘、靠近、凝视、闻香，那已经符合老子的"无为"了。可同样的场景，同样你无任何举动，仅仅心里闪过"好美"的想法，佛教认为你已经起心动念，等于有行为了！

看看佛陀的要求有多高：**老子仅要求行为无为，佛陀则要求心理无**

为！正因为如此，作者没写《老子的心理学》，只写了《悉达多的心理学》——后者才算真正从"心"出发！

回到烦恼的来源，佛学与心理学的理解大体一致：内容上都讲认知、讲行为，次序上都先认知、后行为。不过在下面说法中，认知与行为就分开了。

II.　烦恼来自贪、嗔、痴

第二种说法，按照认知的种类解释：烦恼来自贪、嗔、痴。[14-4]

上一章讲的三种苦——"求不得苦、怨憎会苦、爱别离苦"，根源就在三种认知——贪、嗔、痴。

贪，即贪求，就是过度想要，或过度不想要。对象包括物质、精神、生命，结果产生"求不得苦"。

嗔，即嗔恨，就是恨。作为贪的一种延伸，"过度不想要"发展为恨，结果产生"怨憎会苦"。

痴，即痴迷，就是爱。作为贪的另一种延伸，"过度想要"发展为爱，结果产生"爱别离苦"。

当然也有人把贪、嗔、痴归纳为欲望，上面的说法就变成烦恼来自欲望。如此简洁的说法，本书为什么不用呢？

原因在于，佛教中的欲望却并不明确——**佛教支持一些欲望，反对另一些欲望，全看我们如何定义欲望。**

如果定义为满足需求的话，佛教并不反对欲望。对应马斯洛的需求理论，佛教不仅允许人们满足基本需求，甚至鼓励超越自我的精神需求。怎么能说佛教没有欲望呢？

可如果定义为过度需求的话，佛教又很反对欲望。还是对比马斯洛的理论，过度需求既不属于基本需求，也不属于高层需求。比方说我们饿了，吃一个冰激凌算满足需求，吃两个冰激凌估计就算过度了，因为它不仅不再满足物质需求，反而干扰我们的精神追求。看来同样是欲望，如果过度，就不再是加分，而变成减分了。

问题是：如何界定正常与过度呢？只要是人，就有欲望，而只要有欲望，就难免过度，谁能把握半根冰激凌不够、一根半冰激凌过度的分寸呢？无法把握！

这就是本书以贪、嗔、痴替代欲望的缘由。

顺带讲下，在认知上最下功夫的，当属佛教中的唯识宗。唯识宗从智慧入手破烦恼：细分认知五十一种、烦恼二十六种，包括贪、嗔、痴在内，可谓古代最完整的认知心理学。

III. 烦恼来自执着

第三种说法，按照行为的种类解释：烦恼来自执着。[14-5]

佛教的行为包括意、口、身三种，因此执着也包括三种：意志的执着、语言的执着、行动的执着。

执着从意志开始，表现为非要不可。前面讲到正常欲望和过度欲望，虽说没绝对界限，但可以相对划分："想要"是正常的，而"必须要"是过度的。

意志反映到语言，表现为非说不可。别小看一句话，多少兄弟成仇、夫妻分离，都因"一言不合"。家长里短，不说也罢。

意志反映到行动，表现为非做不可。打个比方吧，我想吃牛排，这只是闪过脑海的一个想法而已。接下来的一种表现是，附近找不到餐厅就算了——事情到此为止；另一种表现是，即使附近找不到，我也去远处找餐厅，即使远处找不到，我也回家自己做——事情不会结束。

对事业来讲，执着能带来成功，或许是好事；可对心理学来讲，执着能带来失望，一定是坏事。要知道我们喜欢一个人很好，但如果喜欢过度，就会让自己依赖；我们讨厌一个人也没问题，但如果讨厌过度，就会让自己愤怒。烦恼由此而生。

顺带讲下，把"不执着"发挥到极致的，当属佛教流派中的禅宗。

禅宗从修行入手破烦恼：先不执着于欲望，再不执着于仪式、打坐，最后不执着于佛经、佛祖，一路下来演变为哑谜、棒喝的行为艺术。

IV. 根源在于不明白

上述三种解释，哪个对呢？都对，因为它们都是佛陀的说法。可正因为它们都对、都是佛陀的说法，反而让我等学生不知道以哪个为准。事实上，佛陀还有第四种说法：**烦恼来自无明**。[14-6]

是不是听着更混淆呢？好在最后这种说法是对所有说法的**根本解释**！

所谓无明，顾名思义，就是不明白。对佛教来说，最根本的不明白莫过于不明白因缘法。这么说当然是有根据的。

看看第一种解释"烦恼来源于认知与行为"：如果深究认知与行为何来，首先不明白因缘法就是错误的认知——"惑"；接着错误的认知导致错误的行为——"业"；最后"惑业苦"——产生了烦恼。显然，源头在于无明。

看看第二种解释"烦恼来自贪、嗔、痴"：如果深究贪、嗔、痴何来，因为我们不明白因缘法的道理。我们贪图的，最终会失去；我们嗔恨的，原本有因缘；我们痴迷的，终归不长久。显然，源头也在于不明白。

看看第三种解释"烦恼来自执着"：如果深究执着何来，按说一切因缘和合、因缘离散，不值得执着，但我们仍然执着，原因何在？生来无明，死亦无明。

看看佛陀所讲的"集"引申出了多少含义，好在我们找到了"集"的根源！

如果各位进一步深究：无明是哪里来的呢？从心理学上讲，是先天的，还是后天的？

佛陀会告诉你，它是先天的，甚至远早于心理学意义上的先天。因为不明白来自上辈子，而上辈子的不明白又来自上上辈子，在轮回中无始无终。生命开始于一股混沌，小孩从出生开始就混混沌沌，直到这一

辈子结束时，再把混沌带去下一辈子，除非……（马上讲到）

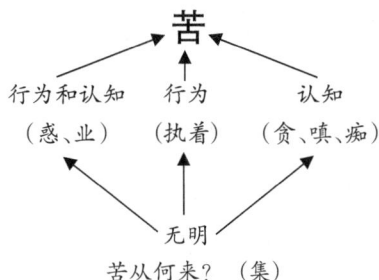

苦

| 行为和认知 | 行为 | 认知 |
| （惑、业） | （执着） | （贪、嗔、痴） |

无明

苦从何来？（集）

* 目标与方法

讲完了"苦与集"，我们简单讲下"灭与道"。

所谓"灭"，既是烦恼的消灭，也是治疗的目标。其实都是一回事：回顾下佛陀的心理学提纲，在医生诊断了烦恼的症状，找到了烦恼的病因后，下一步就该治疗了——目标当然是烦恼的消灭。从语义上讲，"烦恼的消灭"属于否定之否定，如果换成肯定语，**目标就是平静**。

且慢，有的朋友质疑：上述推论严谨吗？毕竟，在文字上"灭苦"与"平静"毫无相似之处。考虑到佛教的目标兹事体大，我们最好论证一下。

首先，对照苦的三重定义：

——平静是变动吗？不。一切必然变动，唯有平静不再变动。

——平静是败坏吗？不。一切终将败坏，唯有平静无法败坏。

——平静是痛苦吗？不。一切趋向痛苦，唯有平静止息痛苦。

消灭了苦的三重含义，平静可谓真正的灭苦。所以，别把平静当普通的情绪：人类的一切情绪都符合苦的定义，唯有平静例外。

接着，对照佛教经典：

——平静是身心的目标。所谓幸福，《法句经》说：健康为胜出，知足为财富，信赖为亲情，平静为至福。[14-7]

161

——平静是认识的目标。所谓"诸法实相"，一位佛学人士如此阐述："只有在平静的水面，事物才能显示本来面目；只有在平静的心中，世界才能被充分认知。"

——平静是灵魂的目标。在蒙上了神秘面纱之后，这个目标被称为涅槃。所谓涅槃，在巴利语中是"心的寂静"，即精神上的寂静。如果我们把涅槃世俗化，它就是心理上的平静。

所以，也别把平静当普通的目标：西方哲学、西方宗教以及中国的儒家、墨家、法家都是奋进的，以自己的快乐或社会的幸福为目标。相对而言，唯有道家与佛家不够奋进，如前所述，前者仅仅追求行为上的平静，后者才追求心理上的平静。可以说，**佛教是世上少见的以平静心灵为目标的学说。**

既符合定义，又符合经典，平静是佛教真正的目标。

如何实现目标呢？"灭"后面是"道"，即治疗的方法。从理论上讲方法很简单——把前面列出的烦恼来源一一去除即可：

或者从认知入手，去掉贪、嗔、痴，如佛陀所说：贪求永尽，嗔恨永尽，愚痴永尽，一切诸烦恼永尽，这就是平静。[14-8]

或者从行为入手，去掉执着。如《金刚经》有言："应无所住而生其心。"这里的"无所住"就是不执着。

或者从根本入手，破除无明。如佛家常讲"开智慧，断烦恼"，就是明白了因缘法，自然没必要再贪、再嗔、再痴、再执着。后面我们还会讲八种方法，目的都在于明白因缘法。

让我们把苦、集、灭、道的逻辑串联起来：

苦从何来？不了解因缘法，就会贪、嗔、痴、执着，所以烦恼。

如何灭苦？了解因缘法，就不会贪、嗔、痴、执着，所以平静。

看来，悉达多心理学的纲领很简单。

真的这么简单吗？理论上如此，因为这就是佛陀的教法。他宣称：

如同大海只有一种味道——咸的味道，佛陀只有一种教法，就是解脱。[14-9]

可现实中解脱很不容易。比如，各位现在都理解了因缘和合、因缘离散的道理，就不再烦恼了吗？我们离解脱不知道还差多远！

显然，苦、集、灭、道仅仅是一个提纲。显然，佛陀的"灭苦之道"并不这样简单。显然，我们光简述不够，还得详解才行。

尤其心理学爱好者会想知道：《悉达多的心理学》有何独特之处？

按说此问题不难回答。可为最大限度节省各位的时间，我们设置了极高的标准：在佛教众多的独特之处中，先排除无关的、无效的、神秘的，剩下相关的、有效的、理性的，再选出"缺了它不行的、与现代心理学相通的、任何学说都没有的"——非独门绝技不算！

以如此高的标准，世界上很多学说恐怕一条也找不出来。可在佛学中，我却能找出三条，难以置信吧？我权当各位不信！

15. 一种想，思维不是"我"

——先拔掉第二支箭

我把悉达多心理学的独特之处总结为：**一种想，一种"我"，一种觉。**

它们都与佛教中的一个重要概念"无我"有关。想、"我"、觉之所以独特，根本原因在于，"无我"本来就独特！

今天我们看到佛陀的很多说法——如因缘、无常、轮回、苦，以及很多方法——如修行解脱、托钵乞讨、出家戒律，都觉得很新颖；其实它们大多来自其他印度宗教，后来被佛陀融入了佛教。这不奇怪，印度民族有长期的宗教传统，在佛陀之前，婆罗门教作为主流宗教已经存在了千年之久。后期佛教常常指责"外道"吸收了佛教的精华，这没错；但公平地讲，最早佛教从"外道"中吸收的精华更多。

光吸收也不行，还要创造才行，佛陀的创造就是"无我"。佛陀之前的宗教都属于"有我说"，佛陀以"无我说"出世独树一帜，以至于佛教常常被人称为"无我教"。各位就奇怪了：为什么我们讲悉达多心理学，不直接讲"无我"呢？

因为那个"教"字反而提醒了我：最好不要把"无我"当教义来讲。教义没错，但某些问题值得思考。

比如把"无我"理解为"没有我"，简单倒简单，可佛陀在经典中提到过太多次"自我"，该如何解释呢？

再如把"无我"理解为"小我融入大我"，崇高倒崇高，可佛陀连"小我"都不承认，怎么会承认"大我"呢？

我知道这些问题不易回答，甚至未必属于教义范畴，因此**我不准备**

讲"无我"的宗教学，而准备讲"无我"的心理学。首先从"一种想"开始：思维不是"我"。

*没人这么"想"

思维不是"我"，听起来是不是很奇怪？

没错。一个原因是这句话有违常识。我们对思维有怎样的常识？思维是"我"的，思维是实有的。

这里的思维俗称"我在想"。每天我们脑海中飘过无数的想法，大致可以分为三类：情绪、判断、意志。是不是这样：不管在兴奋还是痛苦的情绪中，我们都在想；不管在做功课还是做工作的判断中，我们都在想；不管在要行动还是不要行动的意志中，我们都在想。现在说"思维不是我"，等于说"情绪、判断、意志都不是我"。若非荒诞不经，必定大智若愚。

更重要的原因是：也没有哪一位思想家这么"想"。

环视一下哲学，在西方哲学中，从古代柏拉图的理念论、亚里士多德的感觉论，到近代理性主义、经验主义、意志主义、存在主义、后现代主义，虽说众说纷纭，但所有学派一致假设：你的情绪、判断、意志就是你。在中国哲学中，儒家讲良知，良知是你的良知；老庄讲天性，天性也是你的天性；诸子百家也都无一例外假设——思维就是你。

哲学界如此，宗教界呢？环视一下基督教、伊斯兰教、犹太教、印度教，它们都强调至高无上的神，但也都强调人要对自己的思维负责。不这样的话，神与人怎么沟通呢？

哲学界、宗教界如此，代表现代科学的心理学呢？也不例外。纵观心理学的各个流派——冯特的心理元素、格式塔的整体、弗洛伊德的潜意识、马斯洛的动机——都假设心理的主体是自己。就连不愿意讨论意识的行为主义，也假设行为背后的机制是主体的，不是第三方的。

可见在这个问题上，古今中外的所有思想家在一边，佛陀自己在另一边。

奇怪吧？正因为它奇怪，所以我们才要先讲。

* 思维不是"我"

"思维不是'我'"有两层意思：第一，思维非主体，所以不是"我"；第二，思维无自我，所以不是"我"。

我们先看看第一层意思：思维是不是主体？

要回答这个问题，我们分三步走：一、自我由什么组成？二、这些组成中有没有主体？三、如果没主体的话，问题就解决了，可如果有主体的话，思维与主体是怎样的关系？

第一步，分解自我。

关于什么是生命，其实众说纷纭，现代科学界如此，古代印度社会更如此。佛陀提出了自己的看法：**生命不外乎五种组成**（当然每种组成又不外乎其他组成），**分别为物质、情绪、判断、意志、意识**，即色、受、想、行、识，简称"五蕴"。

前面讲了这是佛学的世界观，现在补充一下这也是佛学的心理观。凭什么这么说呢？因为在佛教看来，世界不过是我们心中的影像："蕴"是"汇聚"的意思，世界汇聚到哪里了？可能首先汇聚于外界，但最终一定汇聚到内心——形成我们的心理结构如下：

一、"色蕴"来自物质，是一切认识的开始。身体与环境接触产生了感觉，对应心理学和西方哲学中的感觉经验。

二、"受蕴"即感受，由感受引发。请注意两者的区别，感觉是中性的，感受不再中性，它包括苦、乐、不苦不乐三种，对应心理学中的情绪。心理学家保罗·艾克曼有句名言：情绪在我们知觉它之前就已经出现。从"五蕴"的次序来看，此言不假，不过比佛陀晚两千多年罢了。

三、"想蕴"即判断，由感觉引发。它是对感觉与情绪的进一步加工，包括识别、联想，对应心理学中的知觉。

四、"行蕴"即意志，由判断引发。它是推进行动的精神之力，如果我们清楚自己在做什么的话，对应心理学中的动机；反之，如果我们不清楚自己在做什么的话，则对应心理学中的本能。

五、"识蕴"即整体意识，是前面四种意识的统称。它既包含心理学上的意识，也包含心理学上的潜意识；既包括过去的记忆，也包括当下的觉知。

第二步，检查这些组成中有没有主体。

首先，人会不会自为主体？

佛陀把人分为五种组成，意味着人是分散的。《那先比丘经》中有一个车的比喻，如果问车辕、车轴、车轮、车身、旗杆、车轭、缰绳是不是车，答案是否定的。再追问这些部件之外有没有车，答案也是否定的。由此得出结论：零件配合在一起暂名为车。同理，生命的五种组成聚集在一起暂名为人。[15-1]

不是整体，就无法自为主体。

接下来，人的某种组成会不会是主体？

比如在身体中，大脑能不能代表我？心脏能不能代表我？以此类推，情绪、判断、意志、意识能不能代表我？佛陀的回答是：五蕴非我，[15-2]意思是身体、情绪、判断、意志、意识都不能代表我。道理很简单：五种组成还可以细分为更小的单位。身体可以细分为眼、耳、鼻、舌、身，意识可以细分为视觉、听觉、嗅觉、味觉、触觉，以此类推，**人可以被无穷无尽地拆分，再小的元素都无法自为主体。**

第三步，现实情况下，我们的身体和精神，总该有个统一协调者吧？如果有的话，唯一可能是五种组成的最后一项"整体意识"。它是不是主体？

有两种常见的说法：

一、意识不是主体，理由是佛经中有"五蕴非我"。[15-2]

二、意识假为主体。理由是佛经中有"假说有我"，即意识不是"真我"，权当"假我"吧。[15-3]

其实不管采用哪种说法，都不影响我们的结论。因为在前一种说法中，没有主体。而在后一种说法中，思维与主体不重合：五种组成中情绪、判断、意志与整体意识分离。对此各位其实很容易实证：冥想就是一种整体意识存在，但情绪、判断、意志不存在的状态。

两种说法都印证了第一层含义：思维不是主体。

"思维不是我"还有第二层意思：思维无自我。

我们要先定义一下什么是自我。在佛学上，任何事物要能称得上"自我"或"自性"，必须满足三个条件：

第一，单一。在空间上，它应该是独立的。

第二，不变。在时间上，它应该是永恒的。

第三，主宰。它应该自生自灭，主宰自己的命运。[15-4]

按照这个定义，我们能找出世界上哪种事物满足条件吗？恐怕小到原子、分子、质子、电子，大到高山、海洋、星河、宇宙，一件也找不出来！

这当然是因缘法所决定的：

第一，**既然因缘聚合，谁能在空间上单一呢？**

第二，**既然因缘离散，谁能在时间上不变呢？**

第三，**既然互为因果，谁能主宰自己的命运呢？**

所以佛陀说：一切法无我。[15-5]一切自然包括思维。

这就印证了第二层含义：思维无自我。

思维非主体、思维无自我，加起来就是：思维不是"我"。

* 身体不是"我"

既然思维不是"我"，那么同属"五蕴"的身体是不是"我"？

套用前面的逻辑，我们很容易推论"身体不是'我'"。因为：

第一，身体非主体，因为它可以无限细分。

第二，身体无自我，因为它变动、关联、无主宰。

加起来，身体不是"我"。

* 世界不是"我"

既然身体不是"我"，那么同属物质的大千世界是不是"我"？

这原本不应该被当作问题讨论，今天的人们如此理性、如此现实，估计不会把日月星空、山河大地、空气尘埃当成自己，因此没人反对"世界不是'我'"。但我们继续套用前面的逻辑：

第一，世界非主体，所以不是"我"。

第二，世界无自我，所以不是"我"。

加起来，世界不是"我"。

* 存在不实有

思维不是"我"、身体不是"我"、世界不是"我"，可"不是我"对悉达多的心理学来说，似乎不够严谨。有没有更好的选择？

有——"不实有"。

想一想，既然"不是我"包含"非主体"和"无自我"两层意思，那么"某某非主体"属主观判断，即主观不实有，而"某某无自我"属客观现实，即客观不实有。两层意思合并，**"不是我"等于"不实有"**。

于是：

思维不是"我"，即思维不实有；

身体不是"我"，即身体不实有；

世界不是"我"，即世界不实有。

前面我们提到"佛教承认客观世界的存在"，现在又讲"佛教认为世界不实有"，是否矛盾呢？

看似矛盾，却不矛盾，这恰恰暗示着佛陀学说的精彩之处！

我们知道，一般人、一般学说对世界的看法不外乎两类：实有或虚无。前者认为世界是真实的，要认真对待；后者认为世界是虚幻的，好像一场梦。而佛陀的学说，既非实有，亦非虚幻——恰在虚实之间。

说它"实"，因为佛陀承认世界的存在；说它"虚"，因为佛陀否定世界的实有。看来光用"不实有"表述还不够，最好加上"存在"二字才清楚：

"不是我"等于"存在不实有"。

精彩归精彩，却并不神秘，"存在不实有"不过描述了因缘法的状态——因缘和合、因缘离散的状态，不就是既存在、又不实有吗？**只要佛教以因缘法为万事万物的基本法，就必然得出这种结论：万事万物"存在不实有"**。

世界实有——————————　存在不实有——————————　世界虚无

佛学的世界观

顺带澄清一个哲学上的争论：有人说佛学像唯物主义，有人说佛学像唯心主义，哪种对呢？

我认为都不对，理由很简单：不合定义。

何为唯心主义？就是立足于精神，认为精神决定物质，精神可以脱离物质存在。何为唯物主义？就是立足于物质，认为物质决定精神，精神不可能脱离物质存在。可在佛陀看来，精神与物质没有本质区别：它们都无法自主，都无法永恒，都无法立足。显然，佛教否定了两种主义的定义。

也澄清我之前的说法：在其他地方本人曾提到"佛教是唯心主义中的唯心主义"，当时指的是后期佛教，后期佛教确有这种倾向。而现在限定佛教为"悉达多的学说"，那它就既不是唯物主义，也不是唯心主义。

或许有人追问：能不能说"佛学处于唯物主义与唯心主义之间"呢？

不仅不能，甚至可以称之为伪命题，因为把这三种学说放在一起，完全是不对称的比较：

第一，唯物主义是实有论——物质实有。

第二，唯心主义也是实有论——精神实有。

第三，佛学是存在不实有论——物质、精神都不实有。

实有、实有、不实有，三点不在一条直线上，如何"之间"呢？

更对称的比较是：以实有与虚无为天平的两端。在天平的一端，是唯心主义和唯物主义等实有学说；在天平的另一端，是彻底怀疑论和虚无主义等虚无学说；恰好在这座天平中央的，是佛学的"存在而不实有"！

佛学

唯心主义　　　　　　　怀疑论

唯物主义

天平的实有一端　　　　　　　　天平的虚无一端

*我思我不在

至此为止，我们讲述的次序似乎是颠倒的。按照由远及近的次序，我们应该先讲"世界不是'我'"，再讲"身体不是'我'"，最后讲"思维不是'我'"才对。可相反，我们先讲并强调了"思维不是'我'"，后讲并简述了"身体不是'我'""世界不是'我'"。为什么呢？不仅因为在三种说法中，只有"思维不是'我'"才最特殊，而且因为**在三种说法中，只有"思维不是'我'"才最有意义。**

意义在于：

首先，它让我们重新审视思维。这是对现代心理学的帮助。

心理学中曾经有过"思维—我说"。近代心理学的开创者笛卡尔说：我思故我在。这无形中把"我"与"思"捆绑在一起，影响了近代哲学和近代心理学几百年。现代心理学的开创者之一威廉·詹姆斯则更明确地说：思想自身就是思想者，心理学无须再外求。[15-6]佛陀的结论正好相反：我思我不在！

心理学中也曾有过"思维多我说"。比如弗洛伊德提出过多重人格，一位信奉弗洛伊德的精神分析师会告诉你：这种想法来自你的本我，那个想法来自你的超我，其实这些彼此冲突的人格，都是自我！法国的精神分析学家拉康提出过多重意识，他的名言"语言是他者在说话"，听起来好像说话的人不是自我，其实不然；拉康的"他者"是无意识的"自在之我"，仍然是自我！

继"一我说"和"多我说"，心理学又多了"思维无我说"。

其次，它也让我们重新审视烦恼。这是对现代人的帮助。

想想看，既然思维不是"我"，那我们烦恼中的情绪、判断、意志，不都不是"我"吗？没错，烦恼不是"我"，或者说烦恼"存在不实有"。

至于如何消除烦恼，我们先就这个复杂的话题开个头：世界上伟大的思想很多，为什么消除烦恼那么难？不信的话，环视一遍基督教、伊斯兰教、印度教、西方哲学、儒家、道家、现代心理学——无不正确、无不智慧、无不有效，为什么现实中的错误认知仍然普遍存在？既然"扭转我思维"很难，那么"思维不是'我'"，或许能另辟蹊径吧。

心理学家不由得眼睛一亮：**请问蹊径何在？**

* 第二支箭

让我们看看第二支箭的故事。

有一次佛陀问弟子：没有经过佛学培训的人会感受快乐、痛苦、不苦不乐，经过佛学训练的人也感受相同。那两人有何不同？

佛陀接着打了一个比喻：有人中了一支箭后，又被第二支箭射中。没有受过佛学训练的人遇到这种情况，先有生理的感受，再有心理上的情绪，无论情绪是苦、乐、不苦不乐，他们都会被束缚，于是越来越忧虑、越来越悲痛、越来越迷惑。但是受过佛学训练的人不同，他们也有生理的感受，却不会转化为心理的情绪，于是不会为情绪束缚，不会继续忧虑、悲痛、迷惑。所以弟子们，不要受第二支箭的伤害。[15-7]

佛陀的话很值得品味。我们先搞清楚何为第一支箭，何为第二支箭。

用现代的语言讲：第一支箭是初级认知——感觉，第二支箭是高级认知——判断及其引起的思绪、情绪、意志。（尽管现代心理学中有更详细的分类，下面还是统称为高级认知，类似洛克哲学中的复杂观念。）

举个例子吧，不知道谁把凳子放在路中间，把你狠狠绊了一跤。什么是初级认知？你感到腿痛，就像佛陀说的那样，"痛苦的感受"是第一支箭。抱歉，你被射中了！

那什么是高级认知？你在腿痛后开始胡思乱想——"谁把凳子放在这里？""谁这样没有公德？""我的腿会不会留下伤疤？""我明天应不应该请假？"就像佛陀说的那样，"越来越忧虑、越来越悲痛、越来越迷茫"，这些判断、思绪、情绪、意志是第二支箭。抱歉，你又被射中了！

为什么佛陀特意讲"第二支箭"？

首先它是额外的。如果第一支箭是苦，那么第二支箭就是苦上加苦。就像在"惑、业、苦"的循环中：第一次循环固然苦，可更糟糕的是苦继续循环，衍生出新惑、新业、新苦。想一想，每次带给我们心灵更大伤害的，往往不是第一支箭，而是胡思乱想出来的第二支箭！

其次它相对容易解决。佛陀希望我们的态度是"到此为止"：不是回避问题，而是能解决的解决，不能解决的放下。放下什么呢？放下胡思乱想。**佛陀说"不要受第二支箭的伤害"，就是让我们先拔掉胡思乱想！**

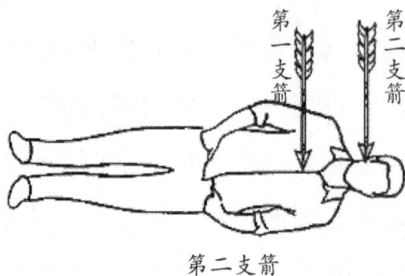

第二支箭

或许有些朋友还没搞清楚"思维不是'我'"与此有何关联。很简单：如果以为"毒箭就是'我'"，还能轻易拔掉自己吗？相反，**只有意识到"思维不是'我'"，自己才能拔出毒箭！**

我希望这条蹊径对你足够独特，并预祝你拔掉第二支箭！

174

16. 一种"我"，"我"也不是"我"
——有争议的灵魂

讲完佛学中的"一种想"——思维不是"我"，接着讲佛学中的"一种我"——"我"也不是"我"。

这当然是顺着"无我"的逻辑而来，以至于你会怀疑是否重复：思维不是"我"、身体不是"我"、世界不是"我"，还不是"我不是我"吗？没错，起码还没涉及问题的核心：灵魂上的"无我"。

要知道，佛陀之所以在两千多年之前提出"无我说"，针对的是当时的"有我说"。前者是灵魂上的"无我"，后者是灵魂上的"有我"。**因此不是别的，而是灵魂，才称得上"我"的核心。**

* 灵魂有我说

看来，要了解"无我说"，就要先了解"有我说"。而要了解"有我说"，就要先了解婆罗门教。我知道"婆罗门"这个词听起来生僻、念起来别扭，可各位要想了解古印度的话，这是一个绕不过的词：它既代表一种宗教，也代表着一种社会阶层。

作为宗教，婆罗门教是今天印度教的前身，古代印度占统治地位的宗教——请注意都不是佛教。婆罗门教信奉多神，认为世界万物由天神主宰，其中主要有三位：毁灭之神——湿婆，保护之神——毗湿奴，创造之神——梵天。古印度人认为，不仅人生在轮回，而且世界也在轮回：梵天创造湿婆所毁灭的世界，毗湿奴保护梵天所创造的世界，湿婆毁灭毗湿奴所保护的世界，而其他神在做一些修修补补的工作，如此循环不已。所有神都代表宇宙的本原——"梵"。

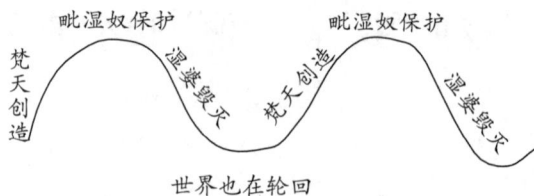

作为社会阶层，婆罗门阶层是祭司阶层。由于在婆罗门教中，祭祀由专人负责，久而久之，祭司们就拥有了代表天神说话的特权。掌握了天神话语权后的婆罗门们，把印度社会分了四个种姓阶层——毫不奇怪，他们把自己排为第一阶层。因此婆罗门在那个年代是贵族的名号，如果见面称"某某婆罗门"，就像今天称"某某大师"那样尊敬。

婆罗门教有哪些教义呢？

我们分两个阶段来讲。前期的婆罗门教以《吠陀》为经典，宣扬三条主要纲领：[16-0]

第一，吠陀天启。《吠陀》是印度神话中对天神的赞歌。婆罗门教宣称，人类表达对神的景仰，应该从唱诵赞歌开始。理由是《吠陀》是受神灵启示所写，不容置疑，所以叫"吠陀天启"。

第二，祭祀万能。光唱赞歌还不够，婆罗门教宣称还要祭祀。火祭最佳，此外仪式、偶像、咒语也很重要。婆罗门教宣称，只要祭祀得好，人类就能得到神的喜悦，从而被赐予力量与幸福，所以叫"祭祀万能"。

第三，婆罗门至上。既然祭祀是万能的，主持祭祀的婆罗门就非常重要了。从古至今的神秘人士都把自己包装为通神、通灵，百用百灵。婆罗门阶层宣称自己离神最近，所以叫"婆罗门至上"。

后期的婆罗门教，经典从《吠陀》改为《奥义书》，在教义上有三点补充：

第一，业感轮回。这是婆罗门教顺应社会伦理、接纳社会思潮的主

176

张：业力推动着生命轮回，善有善报、恶有恶报，即"业感轮回"。

第二，修行解脱。如何面对轮回呢？古印度气候恶劣、食物欠缺、战乱不断，因此人们的思想偏向悲观，表现为当其他世界文明都在寻求生命价值时，古印度文明却断定轮回是痛苦。为了跳出轮回，前期靠祭祀，后期靠"修行解脱"。

第三，梵我合一。修行解脱之后，灵魂去了哪里？婆罗门教认为，最终的解脱是与神合而为一："我"原本来自梵，最终归于梵，即"梵我合一"。

前三点纲领加上后三点补充，婆罗门教就形成了"有我说"的循环：

首先，梵为主宰——是为"神我"；

其次，生命轮回——是为"小我"；

最后，修行解脱——"小我"并入"神我"。

请注意，这种循环有两个前提：

第一个前提："我"是灵魂上的"我"。想想看，要实现"小我并入神我"的目标，只能以无形的精神，不能以有形的肉体吧。这就是为什么我们在开头说"灵魂才称得上我的核心"：最早"有我说"就是这么来的，之后"无我说"又是有针对性提出的，两种学说都在讨论人类的终极问题。

第二个前提："我"的灵魂必须单一、不变、主宰。想想看，神是单一、不变、主宰的，而"我"的灵魂要与神合一，就必须与神具备同样的特质，起码具备同样的潜力吧。这就是婆罗门教追求"梵我合一"的救赎信息：世界是腐朽的表象，灵魂归于神圣的永恒，"小我"与"神我"本无不同。

更请注意，"有我说"不像想象中那么简单。

首先作为一门学说，它可谓观点明确，其内容远远不止于"有我在"——那样不变成大白话了吗？相反灵魂不仅在，而且单一、不变、主宰，才真正为"有我"！

　　其次作为一门宗教，它可谓教义完整。证据就是，婆罗门教后来演变为印度教，考察今天的印度就会发现：面对基督教的入侵、伊斯兰教的扩张、佛教的复兴，印度教仍然牢固占据着印度社会的主流，坚不可摧。为什么呢？

　　"有我说"绝非不堪一击！

＊灵魂无我说

　　为什么佛陀要反对这么强大的主流呢？

　　季羡林先生评论道：佛教在兴起的时候，在许多方面，可以说是对当时占统治地位的宗教——婆罗门教的一种反抗、一种革命。[16-1]我的理解是，佛陀倒未必为了革命，但起码他要证明自己的学说有所不同，否则的话，世代深信婆罗门教的印度民众，又何必改弦更张呢？

　　因此我们看到，佛陀基本与婆罗门教的主张针锋相对。比如婆罗门教唱诵咒语，佛陀就禁止弟子使用咒语；又如婆罗门教讲祭祀万能，佛陀就说祭祀无用；再如婆罗门教鼓吹种姓至上，而佛陀推翻了祭祀万能，也就推翻了祭司阶层的特权地位。看看，婆罗门教的三条纲领全被否定了！而这一切都基于根本教义的改变·否定单一、不变、主宰的灵魂！

　　总要师出有名才行啊，佛陀以何理由改变教义呢？其实我们已经讲过，但或许大家未意识到，佛陀提出了两点理由：

　　第一，人类要"以自为依"，这就让"我"脱离了"神"——不复存在被神主宰、与神一样的"我"。

　　第二，人类要"以法为依"，这就让"我"随顺因缘法——像万物那样因缘和合、因缘离散。

　　这样，"有我说"被变为"无我说"。

　　总结起来，"无我说"确实是针对"有我说"的，可争论的焦点并不在于有"我"还是没"我",而在于有没有单一、不变、主宰的灵魂。

并且"无我说"也不像想象中那么简单,因为它反对单一、不变、主宰的灵魂不假,但能满足条件的形式不止一种:

可能一:灵魂根本不存在。

可能二:灵魂存在,却非"单一、不变、主宰"。

哪种对呢?一场巨大的争论由此开始。

* 佛陀的回避

在这个问题上,佛陀的态度可谓令人困惑。

首先是回避。佛陀一向强调以理服人,对来访者大都有问必答,可只要遇到"灵魂"议题,他就回避,表现为沉默、比喻、反证。

佛陀曾经保持沉默。有人问佛陀"身与命"的异同,身即身体,命即灵魂,意思是身体与灵魂相同还是不同。[16-2]很好回答,但佛陀没有回答。

佛陀也曾使用比喻。他形容道:正如火焰需要薪柴才能燃烧,灵魂需要爱欲才能预测;也正如熄灭的火焰无法燃烧,死后的灵魂也无法预测。[16-3]意思是未知。

佛陀还曾运用反证。他质疑:假设你们接受常驻不变的说法,愁、悲、苦、忧、恼就不再升起吗?我至今没有见到这种情况。[16-4]意思是没用。

结果呢?没有答案!

不仅回避答案,佛陀还明确否决常见答案。在当时的印度社会,流行着三种关于灵魂的主张:

第一种是"有我说",宣扬灵魂恒常。包括两种主要宗教:婆罗门教和耆那教——前者强调梵为主宰,后者反对梵为主宰,但两者都主张单一、不变、主宰的灵魂。佛陀认为这种学说夸大了灵魂的实有,因此不对。

第二种是"唯物论"，宣扬灵魂断灭。类似西方哲学中的机械唯物主义，当时印度的顺势派学说主张人由地、水、火、风四种元素组成，死了就死了，既不存在灵魂，也不存在轮回。佛陀认为这种学说贬低了灵魂的实有，不仅不对，而且有害。

第三种是"不可知论"，当时印度的怀疑派学说主张一切无定论：今生是真是假、灵魂是有是无，都值得怀疑。佛陀认为这种学说等于诡辩，不能给世人提供帮助。

如日本学者中村元总结：佛陀清楚地指出自我不是什么，但对什么是自我则未做清晰的解说。[16-5]

结果呢？反正没答案！

那我们只能靠猜测了。

关于佛陀的态度，我想是为了避嫌的缘故吧。佛陀断然拒绝"灵魂恒常说"和"灵魂断灭说"，可能希望避开有关灵魂的任何嫌疑。不过这种避嫌很容易引起误解，以至于后世的佛弟子们一听到"灵魂"二字，就像见到毒蛇那样跳起来——其实大可不必。**佛陀否认单一、不变、主宰的灵魂，却从来没有否认过灵魂本身。**

至于问题的答案，上一节列出了"无我说"的两种可能：一种可能是灵魂不存在；另一种可能是灵魂存在，却不符合单一、不变、主宰的要求。我说第二种对，就要证明第一种不对。

我的证明很简单：假设灵魂不存在，佛教的理论就无法自圆其说！

* 谁在轮回

我们讲过佛教相信轮回，可问题是：谁在轮回？

各位如果回忆"佛教为什么不能没有轮回？"答案是因果报应，那就容易理解这个问题的重要性了——因果报应得有对象才行啊。比如张三今生行善、下辈子受益，李四今生作恶、下辈子受罚，这叫善有善报、恶有恶报，不是不报，时候没到。这个机制的前提是，张三、李四要在轮回中持续存在。

即轮回要有载体才行。

可光有载体不够，还要避免几种"意外"：

情况一，今生张三行善，下一辈子却算到李四头上；

情况二，今生张三行善，下一辈子却与李四一起分享；

情况三，今生张三行善，下一辈子却平均分配到大家头上。

再把上面的行善改为作恶，还会出现情况四、五、六。

这么多意外，有没有问题呢？

对圣者而言都没问题。世界大同嘛，好结果给别人吧，坏结果给自己吧，别人上天堂，我入地狱，这才叫菩萨！问题是世界上有多少这样的菩萨呢？恐怕不多。更何况佛陀说法是给圣者听的呢，还是给凡夫听的呢？我想主要为教化众多张三、李四的吧。否则的话，佛教就将变为一座孤立的宝塔，而不再是一门济世的宗教。

对凡夫而言，上面的意外都很有问题：

情况一叫"轮回错乱"；

情况二叫"轮回无效"；

情况三叫"重新洗牌"。

这种因果报应，报应得不明不白！如何才能报应得明白？不能调换、不能分享、不能均分，只能对应！

即轮回中的载体要一对一才行。

如何称呼这种载体？用现代语言讲就是灵魂。

需要说明的是，这并非我一人的看法，而是众多佛学研究者的共识。俄国学者舍尔巴茨基说：佛教从来没有在经验意义上否认人格之我或灵魂之我的存在，它仅仅断定自我并无终极实在性。[16-6]日本学者中村

181

元说:否定自我的主张是在后代才出现的,佛陀自己不否定灵魂。[16-7]共识的原因很简单:逻辑上也只能如此。

对大多数读者来说,写到这里就可以了。但对佛教中部分传统人士来说,不仅不能一带而过,甚至完全无法通过。佛教之外的朋友会奇怪:已有共识,争论何来?在介绍佛陀是人是神时,我们提到过学佛与拜佛的不同——大家都尊敬、相信、宣传佛教,角度却不同。考虑到漠视不同反而不敬,我就再多写几句。

首先,我以为有几种流传下来的说法,今天已经很难讲通:

第一,"佛教不讲灵魂,因为佛陀不讲灵魂"。这说法最常见,不过前面已经澄清:不讲不等于没有。更何况,佛陀自己不讲,不表示要求后人也不讲,更不表示要求两千年后的现代人墨守传统。

第二,"佛教不讲灵魂,因为佛经中无灵魂"。这种说法更好澄清:"灵魂"一词为现代用语,早在两千年前也没人会用这么个词!

第三,"灵魂就是单一的、不变的、主宰的,因而不存在灵魂"。这种说法最令人混淆,因为这里有两个不同的概念:全部的灵魂和单一、不变、主宰的灵魂,前者有多种形式,后者指某种形式。如果为了回避灵魂,先把所有灵魂都预设为"单一、不变、主宰",那无异于先把冷水、温水、热水、开水都定义为"101度的水",然后宣布水不存在。好意归好意,却替换了概念吧。

其次,我以为,历史上的传统人士与我站在一边,他们虽然不愿意提及"灵魂"一词,却并非没有意识到问题的存在。后期的佛经中就暗示如此:

——《佛说三世因果经》中说:欲知前世因,今生受者是;若问后世果,今生做者是。[16-8]请问前世今生的载体是谁呢?

——《大宝积经》中又说:假使经百劫,所做业不亡,因缘会遇时,果报还自受。[16-9]请问果报自受的载体又是谁呢?

——最清楚的暗示甚至超过了暗示，莫过于《南传小部》中说：布施、戒行、自制、从顺，如同行善积累下来的宝物，在死亡时也不会被剥夺，将被带去来世。[16-10]请问：谁能把宝物带去来世呢？

答案都只能是"某种不叫灵魂的灵魂"。

后期的佛教流派也暗示如此，用诸多概念填补"谁在轮回"的真空，如补特伽罗、第七八意识、本心本性、如来藏，等等。无不说明高僧大德们觉得这一问题必须解决！

看来所谓争论，不存在义理之分，只存在不说与说清之分。传统的方法没错，可佛教已经跨越了两千多年的春秋，时至今日，我建议：

现代佛教接受灵魂又何妨？

理由很简单：纵观世界上流传下来的各种宗教，无不包含终极关怀的属性，哲学家蒂利希以此为宗教的本质。我想作为世界上第四大宗教的现代佛教，没必要例外，也不应该例外。所谓终极关怀，即承诺另一个世界，承诺人死后会去那个世界。该如何解释人在另一个世界存在的形式呢？无论如何回避，现代的名词就叫灵魂！

传统人士会说：那佛教不就与其他宗教一样了吗？不。**佛教中的灵魂有别于其他宗教的灵魂，它不单一、不永恒、无主宰。但它仍然存在！**

唯有如此，佛教才能在这个时代自圆其说——不是含混不清、合乎传统，而是光明正大、合乎理性：

第一，佛教需要轮回，否则人生指导就失去意义；

第二，轮回必须有一个灵魂，否则就找不到"谁在轮回"；

第三，按照因缘法，灵魂还不能单一、不变、主宰。

于是，我们得出了似曾相识的结论：**灵魂"存在不实有"。**

很巧吧，世界如此，身体如此，思维如此，现在灵魂也如此！很独特吧，在所有的学说中，灵魂实有的很多，灵魂没有的不少，但灵魂存在不实有的，恐怕只此一家！

*定义"无我"

至此为止，我们一直在讲"无我"，却还没定义"无我"。该如何定义呢？

存在不实有。

既巧也不算巧：之前讲的各种"存在不实有"，不过是"无我"的各个方面，不如此定义才奇怪！

可公平地讲，本书关于"无我"的定义，既非最常见的解释，亦非最好理解的解释。

为什么这么说呢？

先从文字上看，"无"与"我"来自同样简单的两个梵文：An 相当于否定词"无"，atman 相当于人称代词"我"，合并起来 Anatman 就是"无我"。翻译没问题，理解上却有三种可能：

第一，无主体；

第二，无自我；

第三，没有"我"。

再按照意思上的近似，把第一、第二项合并为"存在不实有"，把第三项等同于"我不存在"，就变成了两种"存在"：

一、存在不实有；

二、"我"不存在。

会不会都正确呢？不会。因为一个存在，一个不存在，直接矛盾。就是说上面两种"存在"，还不会同时存在！

当然我想说：第一种说法正确，第二种说法错误。可第二种说法——"我不存在"之所以流行并非全无道理，它在文字上最接近，在意思上最好懂，以至于变成了流传最广的对"无我"的误解。

之所以称其为误解，我有以下理由。

首先，"我不存在"不符合经典。《南传经藏》中记载，佛陀强调珍惜生命时曾说过下面一段话，其内容无须深究，但重要的是在短短五句中出现了九个"我"字，全为肯定，毫无否定：

我欲生、不欲死，欲乐而厌苦。我欲生、不欲死，欲乐而厌苦，若有夺我命者，则于我为不可爱、不可意。他亦欲生、不欲死，欲乐而厌苦，若我夺其命者，则我为不可爱、不可意。于我为不可爱、不可意之法，于他亦为不可爱、不可意之法。于我为不可爱、不可意之法，我云何加诸于他耶？[16-11]

此外《阿含经》中又见"无常之我""变易之我"，[16-12]均说明一点：佛陀不反对用"我"描述存在，相反自己常常这么做！

讲到这里，回头看看本章开头的问题就清楚了：佛经中出现那么多自我原本正常，只有当"无我"被解释为不存在时，才变得不正常！

其次，"我不存在"指向神秘。因为它的下一个问题是"我去了哪里？"有人借此宣传成仙成道，让信徒们追求出世幻觉。如此神秘带来的神圣、神奇，在别人看来没问题，在我看来很有问题：佛陀的学说是理性的，即使不靠神秘，依然可以神圣、神奇。

最后，"我不存在"产生误导。同样为解释"我去了哪里"，有人引申出"无私"或者"融入大我"。崇高归崇高，可逻辑上不成立：试想假如"我不存在"成立，那"小我"都消失了，"大我"如何存在？一个不存在的"小我"融入一个不存在的"大我"，意义何在？

回头看看本章开头的另一个问题，也清楚了一半："小我融入大我"原本留待最后说明，可当"无我"被解释为不存在时，就变得无法说明！

综上所述，**我们拒绝第二种说法，只承认第一种说法——存在不实有。**

*无常故苦、苦故无我

至此我们讲完了佛陀的人生观：无常、苦、无我。

我们提到它们关系密切，可各位尚不清楚密切到什么程度：之前从外部看，它们同源、同归；现在从内部看，它们还彼此递进。

如何递进？**无常故苦，苦故无我**。

前半句我们已经讲过，后半句再略作说明。所谓"苦故无我"，有两种说法均可接受：一、从因出发，因为苦，所以无我；二、从果出发，为了灭苦，所以无我。前一种说法更符合佛陀的原文，[16-13]而后一种说法更符合佛陀的目的。

放到一起就清楚了，佛学的逻辑何等严密！无常、苦、无我，加上因缘法的关联如图所示：

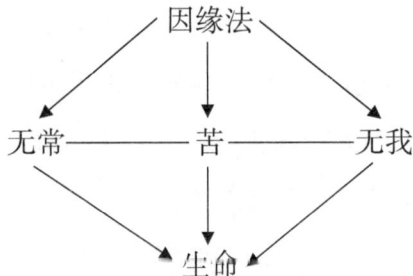

听起来很对吧？就像所有"听起来很对"的理论那样，佛教理论也面临落实的问题：一、如何检验；二、如何记忆；三、如何实践。加起来就是现代人常讲的"从理论到实践的鸿沟"。如何跨越鸿沟？佛陀留下了方法。

17. 一种觉，验证无我
——佛陀自称为觉者

悉达多心理学的第三个独特之处是：一种"觉"。

在所有的佛学概念中，我以为这是最容易被忽视的一个。究其原因，倒不是说谁有意忽视，而是佛学中的概念实在太多，多到任何概念都容易被忽视的地步。随便说起来，就有戒、定、慧、空、禅、信、解、行、证、闻、思、修、慈、悲等，于是淹没了最重要的——觉。

可能有人不以为然：佛教的概念都重要，哪会一个比另一个更重要？言下之意，这是你个人的偏好吧。说实话，还真不是我的，顶多说是佛陀的偏好。

请各位想想：为什么佛陀自称为一名"觉者"？

其实佛陀的选择很多。如果用佛教语言，为什么不自称戒者、定者、慧者、禅者、空者、慈者、悲者呢？如果用大众语言，为什么不自称老师、圣者、尊者、大师、神仙呢？在众多的选择中，佛陀偏偏选择这个"觉"字。更值得注意的是，**在梵文中，"觉"就是佛，佛就是"觉"**——这还真是佛陀的偏好。

* 方法最难得

那你会问：何以给"觉"如此之高的地位呢？我以为全凭一点：**方法最难得**！

有人说，理论不是更重要吗？要看对谁而言。思想家们喜欢讨论问

187

题，因此更重视理论，恨不得海阔天空才好。可实干家们需要解决问题，因此更重视方法，有方法才接地气。

心理学，在我看来，最好属于后者。心理学要验证理论、获得认知、指导实践，都需要方法；心理治疗从治病救人到恢复健康，更需要方法。可现实情况是，在这个领域，从来不缺理论，但缺方法，往往理论太多，方法全无。

佛学的心理学何尝不也如此。

心理学家荣格说："伟大的革新从来不来自天上，它们一向来自大地，正如树从不由天空向下生长，而是由地向上生长一样。"把佛学比喻为一棵参天大树，我们往往仰视上面的繁茂枝头——佛学的理论，却容易忽略让大树抓住土壤的根——觉的方法。

（事实上，佛陀留下的方法并非一种，至少且主要包括"定"与"觉"两种，考虑到前者非佛学独有，本书仅涉及后者。）

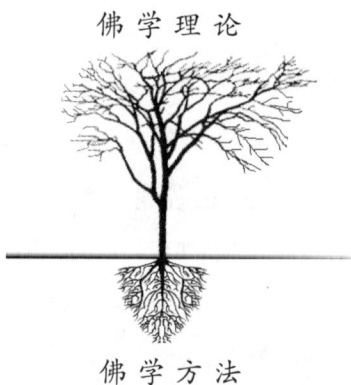

佛学理论

佛学方法

* 觉与觉知

何为"觉"？

简单说就是感觉，复杂说就是觉悟，如果选择折中的定义，就用觉知吧。

何为"觉知"?

觉是觉察,知是知道,觉知即觉察与知道。由此我们就可以看出感觉、觉知、觉悟三者之间的关系:觉察来自感觉,知道通向觉悟,从感觉到觉知,再到觉悟是从低级意识到高级意识的过程。

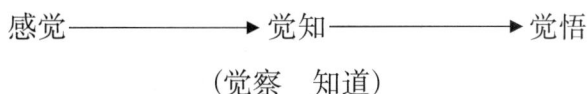

感觉————————→ 觉知 ————————→ 觉悟
　　　　(觉察　知道)

考虑到作者另外写过一本佛学方法论的书,为避免原来的读者感觉重复,这里不再赘述"什么是觉知",只澄清"什么不是觉知"。

觉知不是感觉。

这种误解有一定道理——先有感觉,后有觉知。反过来也证明两者位置不同:前者发生于器官,后者发生于大脑。当眼、耳、鼻、舌、身受环境刺激时,器官中的神经细胞会形成感觉信号,其中少部分信号,最终形成视觉、听觉、嗅觉、味觉、触觉等觉知;而大部分信号,或者未被大脑觉察,或者未被大脑知道,都不会形成觉知。

可以说,感觉是有意识的或无意识的,而**觉知则一定是有意识的。**

觉知不是思维。

这种误解也有一定道理——它们都属于大脑活动,分别属于大脑认知的两条通路。

一条叫思维通路,特点在于思维加工。在这条通路中,情绪、判断、意志以不同方式处理感觉信号。

另一条叫觉知通路,特点在于思维不加工。在这条通路中,只存在原始信号:先是感觉被大脑"觉察",没有处理;接着大脑确认"知道",仍然没有处理。

现代医学已经证实了这点:大脑中负责感觉的区域与大脑中负责思考的区域位置不同,证明两条通路已经被物理隔离。

觉知不是瑜伽。

189

这种误解同样有一定道理——觉知并非佛教独有，如瑜伽中也讲觉知。瑜伽又分为宗教瑜伽和现代瑜伽。

在宗教瑜伽中，觉知被当作一种精神追求，目的在于体会印度教"梵我合一"的境界。这正是佛教所反对的，佛教认为"梵我合一"是一种幻觉，觉知没那么神秘。

而在现代瑜伽中，觉知又被当作一种身心锻炼，完全取消了精神意义。不仅现代瑜伽如此，世界各地的一些舞蹈也讲觉知，也把觉知当作身心锻炼。这同样是佛教反对的，佛教认为修行带有精神目的，觉知又没那么普通。

不过可以理解的是，印度教与佛教有诸多相似之处，以至于时常被西方人士混为一谈。

总结一下，**感觉、思维、瑜伽都与佛教中的觉知有些相似，但都无法取代觉知在佛教中的功能**。哪些功能呢？

* 我觉故我在

我们的学习过程包括三个环节：理论、认知、行为——把大脑比喻为电脑的话，输入端是理论，电脑中是认知，输出端是行为——对应这三个环节，正是觉知的三个功能。

I. 觉知实证理论

若问谁的理论？佛陀的理论。

你会说：佛陀的理论这么神圣，还要验证吗？如果你真这么说，那对你来说不仅要，而且必须要。因为这指示不是来自别人，而来自佛陀本人。佛陀说："如实观。"[17-1]即要我们实证。

方法就是觉知。

首先要掌握要领：或者练习静坐中觉知，或者练习运动中觉知，要领不在于身体的姿势，而在于心灵的状态。比如某人静坐一个小时，并不表示就有觉知，除非他或她的"心"在觉察、在知道。

掌握要领之后，我们就可以实证无常、苦、无我。想必这些文字听起来很抽象吧，没错，所以我们才要觉知。效果简单而神奇：它化文字为感觉，它化抽象为具体。

以静坐练习为例，第一步是进入禅定，第二步是觉知——先觉察、后知道。

按色、受、想、行、识的次序进行：

"观身体"，觉察身体的器官，问自己知不知道感觉的生、灭。

"观情绪"，觉察自己的情绪，问自己知不知道感受的苦、乐、不苦不乐。

"观判断"，觉察大脑的思绪，问自己知不知道念头的流转。

"观意志"，觉察大脑的指令，问自己知不知道意志的演变。

"观意识"，觉察自己的精神状态，问自己知不知道意识的生灭、流转、演变。

如果你能回答上述问题，就能得出下列结论：[17-2]

第一，生命在变化——这是无常；

第二，生命在败坏——这是苦；

第三，生命无主宰——这是无我。

验证佛陀的理论，在古代主要是为了让人们自知自证，可对现代人来讲还有额外的意义。

首先，意味着佛陀的学说是完整的。把佛陀与弗洛伊德对比，我们就会发现两位大师之所以是大师，关键都在方法：假设弗洛伊德没留下精神分析的方法，那潜意识理论只是猜测；假设佛陀没留下觉知的方法，那无常、苦、无我的理论也是空谈。相反，因为两种学说既有理论也有方法，才各自形成了今天庞大的体系。

其次，意味着佛陀的学说是理性的。实证带来了怀疑，怀疑带来了理性，对科学如此，对心理学如此，对佛学也如此。我们从"觉察与知道"的定义可以看出，觉知法与内省法何其相似，至少悉达多心理学与理性心理学是相通的。（至于觉知法与内省法的不同，简单地讲，前者是被观察的一部分，而后者是观察者的一部分。）

更实际的意义在于，佛陀的学说是普世的。你会说："即使没实证，我也相信佛陀啊。"没错，对信徒来讲，佛陀的话已经足够，可对今天世界上大多数人来讲，光有佛陀的话不够。甚至我以为对真正的信徒也不够才对：想想看，佛陀之所以留下这个方法，就是允许我们怀疑啊！

由此引出下一个话题：怀疑后如何更相信？

II.　觉知获得认知

当我们讲"思维不是我"时，已经埋下问题的伏笔：人类需认知指导行动，这点有别于动物。既然思维不可靠，那怎样的认知才可靠呢？

佛学认为：**觉知更可靠。**

这当然是有逻辑的。如果审视"五蕴"的次序，我们会发现两种认知方式：

第一种是思维式的认知。流程是：从感觉开始，经过情绪、判断、意志，最后形成思维。

情绪（受）、判断（想）、意志（行）

感觉（色）- ▶思维的认知（识）

第二种是觉知式的认知。流程是：感觉直接形成直觉。

感觉（色）━━━━━━━━━━━━━━━━━━▶直觉的认知（识）

　　　　　　　觉知

凭什么说后一种认知更可靠？

首先在输入端，它直通感觉，最靠近真相。比如有些朋友"跟着感觉走"，看似胡来，并非完全胡来！

其次在输出端，它直通直觉，未经污染。所谓未经污染，指的是未经情绪、判断、意志等加工。爱因斯坦说："在探索之路上，知识用途不大，真正可贵的是直觉。"意思是原创力来自直觉。方法何在呢？把"直觉"二字拆开就知道——直接觉知！

这就是觉知获得认知的力量。

考虑到"觉知取代思维"的话题如此复杂，却被如此简述，我们还是回答几个问题吧。

有朋友问：**觉知比思维可靠，那还需要思维吗**？

当然需要。首先，思维不比觉知真实，却比觉知方便；其次，佛教强调"闻思修证"，"闻思"属于思维，"修证"属于觉知，都被承认为认知的来源。更重要的是，思维虽然不够真实，但可以变得真实，如"闻思修证"的次序所暗示：思维经过觉知审核，就可以变为真实的认知。

也有朋友问：**觉知比思维真实，那"我思故我在"还成立吗**？

当然成立。只不过觉知比思维更可靠，"我觉故我在"就更成立。

还有朋友会发现一个"漏洞"：**我们讲了"存在不实有"，那觉知不也"不实有"吗**？

如果你真这么问，那我要祝贺你已经接近佛学的真谛了：所谓觉知的可靠，不过相对而言；所谓"我觉故我在"，严格地讲是"我觉我不在"。

通过觉知，可以相对可靠地认知，由此引发下一个话题：如何相对可靠地行动？

III. 觉知控制行为

要理解这点，我们就要区分"无觉知的行为"与"有觉知的行为"。前者属于无意识状态，后者属于有意识状态。

听起来有意识似乎很容易，可真正容易的是无意识。回想下我们刚刚过去的一天：有多少时间有真切的感受呢？恐怕记不得多少。这意味着一天中的大部分时间，我们稀里糊涂就过来了。再回想去年、前年，恐怕真切的感受能想起的更少。没错，一生中大部分时间，我们都稀里糊涂地过来了。

长话短说，稀里糊涂的根源在于习惯。习惯开始于无意识的思维，经过无意识的情绪，最终表现为无意识的行为。比如某位朋友决心戒烟，并且这已经是他第 N 次决定，我们不能说他没有正确认知，因为这位朋友诚心认为吸烟有害。可每次戒烟行动都仓促失败，原因是心中还未升起正确的认知，嘴上已经习惯性地叼上香烟。

如何改变习惯思维、习惯情绪、习惯行动？

还要靠觉知。

原理很简单：无意识状态与有意识状态不能共存，习惯与觉知也不能共存。当我们不知道自己在做什么的时候，习惯接管了我们的行动；而当我们知道自己在做什么的时候，认知控制着我们的行动。所以破除习惯，说难也难、说易也易：只要恢复觉知，就能在习惯之前阻止习惯！

这又是觉知控制行为的力量。

* 佛学的关键

现在各位清楚觉知的功能了：它实证理论、获得认知、控制行为。可远比单一功能更重要的是：它还连接着整个佛学系统。

I. 觉知是连接理论与认知的关键

理论一定导致认知吗？未必。理论是理论，认知是认知，这是让历史上无数思想家和现代无数心理学家苦恼不已的问题。

举个西方的例子吧。为什么欧洲教会从 16 世纪后走向没落？因为信徒们听到的太矛盾，当左耳听着《圣经》，右耳听着购买赎罪卷时，人们心中升起了巨大问号。事实上《圣经》的理论没错，教会的认知真实，两者的差距，在利益面前就暴露出来了！

究其原因，理论是外部的，停留于记忆浅层；认知是内在的，存在于记忆深层。之间的转化，似乎并不牢靠：正确的理论，有时导致正确的认知，有时导致遗漏的、遗忘的、矛盾的认知。

所谓遗漏的认知，就是"左耳进，右耳出"。老师讲得很好，学生根本没放进心里，其实根本算不上认知。

所谓遗忘的认知，就是"今天记，明天忘"。想想我们上学时倒背如流的课文，工作后还记得多少？恐怕大部分变成了遗忘的认知。

所谓矛盾的认知，或许比前两种要费解。请注意，这里没用"错误"一词，而用了"矛盾"一词，因为我们大脑中常常既记忆正确的内容，也记忆错误的内容——这台计算机存储前者时并未删除后者，结果自相矛盾。遇到决策时该选哪个呢？就看哪种认知更可靠了。

所以，请不要把从理论到认知想当然：佛教有了觉知，才让过程更可靠。

II. 觉知是连接认知与行为的关键

接下来，认知一定导致行为吗？未必。认知是认知，行为是行为。这是让历史上无数思想家和现代无数心理学家苦恼不已的又一个问题。

举个中国的例子吧。在历史上国人倒不存在宗教的质疑，却存在道德的质疑。每当遇到外敌入侵——不管元朝灭宋，还是清兵灭明——首先投降的往往都是战前义愤填膺、怒吞敌军的道德家。只恐怕，战前怒得没错、战时跑得真实，两者的差距，在危害面前就暴露出来了。

究其原因，我们行动很少按认知，更多按本能。认知与行为之间的转化，似乎也不牢靠：正确的认知，有时导致正确的行为，有时导致不作为，甚至有时导致错误的行为。

比如我们前面提到的问题：明白了因缘法，各位为什么仍然苦？原因在于：一要从因缘法理论到灭苦的认知，二要从因缘法认知到灭苦的实践。两个环节都可能出问题。

十有八九，第一个环节就出问题。即便我们听到了因缘法，或者根本没记住，或者表面上记住了但存在矛盾的认知。这就需要觉知：在自我觉知中体悟因缘法，获得除贪、除嗔、除痴的新认知——先从认知上"灭苦"。

十有八九，第二个环节也出问题。即便我们已经有了不贪、不嗔、不痴的认知，却仍按本能行动。这又需要觉知：在自我觉知中控制行为，获得除贪、除嗔、除痴的新习惯——再从行为上灭苦。

所以，同样不要把从认知到行为想当然：佛教有了觉知，才让过程更可靠。

那么，无觉知方法的学说，就一定会失败吗？反过来，以觉知为方法，佛学就一定能成功吗？

这都涉及转化率的问题。回答前一个问题：即使某种学说不谈觉知，也能在一定比例内化理论为认知，只不过转化率原本就有限；接着能在一定比例内化认知为行动，只不过转化率原本也有限。回答后一个问题：佛教讲了觉知，也不能百分之百化理论为实践，但起码转化率会相对提高。显然，为跨越"从理论到实践的鸿沟"，佛学增加了觉知的保险。虽说世界上没有绝对的保险，但有总比没有强吧！何况还是两道保险！

III. 觉知是连接身心的关键

如果说前两点重要于心理学理论，那么最后这点就重要于心理治疗。我们知道生命是一个整体、身心是一个整体，因此连接身心既有益于生理健康也有益于心理健康。更不用提，就像心理学苦于寻找连接理论与实践的方法，心理治疗更苦于寻找连接身心的方法。

觉知如何解决这个问题呢？再简单不过："觉"开始于身体的感觉，"知"终止于心灵的大脑，因此"先觉后知"的练习必然是连接身心的练习。由于始终强调觉知的实修，悉达多的心理学才不是一句空话。

关于身心的话题，按说我们应该大书特书才对，但考虑这不是本书的重点，我们先点到即止，留待最后再略作补充吧。

归纳起来，**觉知有解决问题的三项功能，还是连接系统的三个关键**。佛陀确实为我们留下了难得的方法！

回答为什么佛陀自称为"觉者"，我以为除了"觉"字的重要性外，还有更实际的考量：要知道，佛陀何等敏感又何等细心，或许他预感到今天佛学界太多概念的可能，该如何提醒我等后辈"方法最难得"呢？佛陀留下了不能更明显的记号——**以此命名自己！以此命名佛教！**

18. 悉达多的认知疗法：无主亦无客

——拔掉第一支箭

清楚了悉达多心理学的独到之处，让我们完成最后的治疗——按现代心理治疗的分类，先认知疗法，后行为疗法。

说来有点悖论，悉达多的认知疗法，特点在于否定认知。我指的还不是否定思维的内容，那样的话就算不上悖论了，因为现代心理治疗也纠正错误的认知；我指的是佛学不仅否定思维的内容，还否定思维本身，这才是我所说的否定认知。

最简单的形式就是拔掉"第二支箭"。还记得第十五章的例子吧：你被路上的凳子绊倒，由此引发的胡思乱想就是第二支箭，佛陀请你先否定胡思乱想、先拔出第二支箭、先取消不必要的烦恼。这只能算**悉达多认知疗法**的表层含义。

那"第一支箭"呢？你会说，我现在不胡思乱想了，但腿还在疼啊！没错，不用说绊倒这种小事，遇到大事如何应对？如身体、家庭、经济、职位、学位等，都可能带来烦恼，并非想象出来的烦恼，而是真真切切的烦恼啊！要拔出这第一支箭，就需要**悉达多认知疗法**的深层含义：彻头彻尾地否定认知！

怎么个彻头彻尾法呢？我们知道认知有三要素——主体、客体、本身，如果用一支箭来比喻，认知的对象就像箭头，认知者就像箭尾，认知本身就像箭身。面对烦恼之箭，我们该从哪里折断？悉达多的心理学，准备同时从这三个环节入手！

过程

对象 ← 认知者

认知三部分

* 破法执

第一步叫"破法执"。

何为"破法执"？法是认识的对象，执是执着，加起来，就是不要执着于认识的对象。

"破法执"的理由在于：世界存在不实有，既不值得执着，也无所执着。比如我们可以抓住山川大地，它们看似固定，可我们如何抓住流水空气呢？它们变动不居，想抓也抓不住。即使山川大地的固定，佛教认为也不过表象罢了，在表象背后，万事万物都没有可以抓住的本质。

在这点上，佛学远远超前于它所在的时代，以至于一直跨越到各位所在的时代：看看近半个世纪以来西方兴起的后现代思潮，否定的是绝对的本质，承认的就是多元、动态、关联的本质，正可谓"存在不实有"的文化！

如何"破法执"？

《金刚经》说"应无所住"，意思是既要摆脱环境，也要摆脱自己。摆脱环境容易，摆脱自己很难，可又十分必要，为什么呢？

佛陀常常用火焰比喻生命：眼为烧、色为烧、眼识为烧、眼触为烧，意是烧、法是烧、意识是烧、意触是烧。[18-1]

火焰可以传递，让人想起生命的莫测。龙树菩萨形容一根薪柴点燃下一根薪柴，生命就这样一次接一次地燃烧下去。[18-2]

火焰变动不居，让人想起生命的无明。佛陀说：生死轮回不已，却以无明为趣，因为不明白此事，轮回停不下来。[18-3]

火焰灼热难忍，让人想起生命的痛苦。佛陀说：由于攀缘生命，才有苦的升起。[18-4]称之为"五蕴炽"苦。

我们无法否认火焰，却可以否认火焰中是自己。破除认识的对象，这是第一步。

* 破我执

第二步叫"破我执"。

何为"破我执"？"我"是认识的主体，"执"是执着，加起来就是：不要执着于认识的主体。同一个"我"，在上一节中作为认识的客体，在这一节中作为认识的主体。

理由在于："我"也不实有，因此要"无我"。

公平地说，不仅佛学讲"无我"，西方哲学也讲"非我"。德国哲学家费希特用"我与非我"解释世界：世界开始于"我"，即人类精神；接着"我"创造"非我"，即人类改造环境；最后"我"与"非我"合为一体，即发展中的世界。

同样公平地讲，不仅西方哲学讲"我"，佛学也讲"我"。佛陀用十二因缘解释人生：生命开始于一股混沌中的无明，无明生成了执着，相互作用生成了"我"的意识；接下来，"我"的意识把世界区分为精神、物质、感官，三者的接触生成了感受；再下来，感受生成了爱，爱生成了欲望，欲望生成了占有；最后生成了老、病、死的循环。[18-5]

差异在于，费希特认为"我"与"非我"都实有，并且"我"是好的，创造了世界；而佛陀认为"我"与"非我"都不实有，并且"我"是坏的，带来了烦恼。于是，西方建立自我，佛学破除自我。

如何"破我执"？

先看能不能破除自我。西方学者孔兹举出一个实例：有一颗牙齿开始蛀了，这是牙齿之间神经的生命过程，如果现在"我"察觉到这颗牙齿，确信这是"我的"牙齿，而且相信发生在牙齿的一切会影响到"我"，这时某种心理的不安就产生了。对于此，佛教认为：这里"我"是想象的虚构物罢了，并无真实之物与它相关。[18-6]

如果不能破除自我，不妨模糊自我吧。根据因缘法：一只鼠不可能永远为鼠，因为下一辈子它可能变为猫；即使这一辈子，鼠也可能被猫吃掉，变成猫的一部分。同样的道理，大山不是绝对的大山，它被风雨冲刷着；大海也不是绝对的大海，它被江河汇集着。"我"的界限，何尝不也如此。

破除了认知的主体，这是第二步。佛学的认知疗法可谓**无主亦无客**。

* 破执着

第三步叫"破执着"。

类似西方哲学中既有认识二元论，也有认识一元论，如果有朋友不喜欢主客二元论，就把它们合并在一起吧：破除执着本身。理由也类似：思维"存在不实有"。

就此解释一下，我们之前讲烦恼的来源既包括执着，也包括贪、嗔、痴，为什么现在讲认知疗法时，只提前者而不提后者呢？基于两点考虑：

首先，执着既是认知，也是行为。它在佛教中，包括意志、语言、行动三部分，如果对应现代心理学的话，可谓认知与行为的跨界。因此前面讲"执着是行为"没错，现在讲"执着是认知"也对。

其次，执着相比贪、嗔、痴容易解决。因为相对于后者只能认知，前者既可认知亦可行动。如佛陀所说：断一切执着，调伏心烦恼，就会到平静。[18-7]各位在书店里见到很多平静、淡然、不执着的佛教小故事，其法理依据在此。

如何"破执着"？

先要保持觉知。否则的话，执着也不自知。

再要随顺因缘。以佛陀为例，他平时衣着简陋，没觉得不适；可有一次别人送来一件黄金袈裟，他坦然收下，也没觉得不妥。[18-8]

顺带讲下，有一种流行把"随顺因缘"引申为臣服。说它引申得好或引申得不好，都是由于这个词借用基督教概念的缘故。顾名思义，臣服就是趴在地上，无条件顺从。基督教要我们向上帝臣服，佛教要我们向谁臣服呢？向"存在而不实有"臣服。苦存在，但不实有；乐存在，也不实有。如何安于不实有的环境？佛陀让我们随顺苦乐的因缘。

总结一下悉达多认知疗法：

第一步"破法执"——去掉了烦恼的客体；

第二步"破我执"——去掉了烦恼的主体；

第三步"破执着"——去掉了烦恼的思维。

于是烦恼之箭消失了，佛陀粉碎了箭头、粉碎了箭尾、粉粹了箭身！

如此粉粹，才称得上彻头彻尾地否定认知！

悉达多的认知疗法

*破空执

在前面"破除一切"之后，居然还差一步——"破空执"。

何为"破空执"？

佛教把顽固地坚持一切皆空称为顽空，这里把破除顽空称为"破空执"。或许有人会问：坚持空有什么不好呢？那不是不执着的典范吗？其实，空与不执着都没问题，但一些佛教信徒太相信空、太相信不执着，以至于走向另一种执着。

"破空执"的理由很简单：空也存在不实有，不执着也存在不实有。

如何"破空执"？

就是破除对不执着的执着。我们常常见到社会上某些人，或放浪形骸，或无所事事，都以不执着的名义，好像不如此就不够超脱似的。其实不执着不表示不正常，如果处处反常，反而变成了执着；类似地，超脱表示不做事，如果好事也不做，反而变成了不超脱。

佛陀所教的中间之道是既避免一直陷于烦恼，也避免一味回避烦恼。如果把烦恼比喻为天上的云，我们既无须追着云跑，也无须否认云的存在吧。

看来我们在"无主亦无客"之后，还要增加一条：**无有亦无空**。

* 安全感的问题

破我执、破法执、破执着、破空执，理由都是"存在不实有"。各位不免好奇：如此重要的理论，为什么只有佛陀一人讲，很少听到别人讲呢？

因为它带来一种不安全感。

要知道，追求本质是人类思维的共性，只有当立足于本质时，人类才感到安全。看看实有与虚无的天平两端：一端是我有、法有、意识有——绝对本质让人觉得安全；另一端是我空、法空、意识空——空何尝不也是绝对本质，也让人觉得安全。唯有佛学的"存在不实有"，无异于悬空本质，让人如何心安？

西方学说还好说，因为本来就与佛学体系不同，可即使到佛教内部，不安全感也在弥漫。虽说后期佛教并非本书的重点——我们讲的是悉达多的心理学，不是悉达多之后的心理学，但我简单总结后期佛教为两种分化：

一路朝向"不存在不实有"，尽管还没到绝对的空；

一路朝向"存在实有"，尽管也没到绝对的有。

我既不反对西方学说，也不反对后期佛教，因为它们都符合历史发展的必然，只不过这种必然反过来证明：佛陀的"存在不实有"绝非想当然的事。如同一位走钢丝的高手，在别人觉得最不安全的悬空中，佛陀觉得最安全，或许在他看来，**安全也"存在不实有"**吧。

* 需要一点虚无主义

讲了这么多"存在不实有"，各位难免认为：佛教是不是虚无主义呢？

确切地讲，佛教反对绝对虚无，却足以代表虚无的倾向。我知道这句话的前一半需要对佛教外的人解释，而后一半需要对佛教内的人解释。解释很简单：倾向是比较出来的，与所有现代宗教、现代哲学、现代心理学相比，佛教最接近虚无主义——尽管还未达到绝对的地步。**我想讨论的重点不在主义，而在效果：这种倾向是好是坏呢？**

或许要看什么场合。

假如你面对一个健康的年轻人，对他或她来说一切都欣欣向荣、一切都需要奋斗、一切都等待发现，这时候你告诉他或她说奋斗不真实、世界不真实、一切不真实甚至连你自己都不真实，这好吗？当然不好，很不好。

可假设你面对一个心理治疗的来访者呢？

比如这位朋友因炒股失败而想跳楼，你是否希望他或她把金钱损失看轻一些呢？或许虚无一点为好。虚无会让病人停止自杀。

比如这位朋友因失恋而心如刀割，你是否希望他或她质疑爱情究竟为何物呢？或许虚无一点为好。虚无会让病人走出阴影。

比如这位朋友因悔恨而陷入自责,你是否会希望他或她理解自我也未必真实呢?或许虚无一点为好。虚无会帮病人放松自己。

因此我要为"虚无"正名。**至少在心理问题上,虚无的倾向没什么不好**。不要因为这个词常被批判,就唯恐避之不及。好比罂粟有毒,亦可入药,同样的道理,虚无对奋斗拼搏有害,却对心理治疗有益。

可以想象,假如没有这剂药,我们很难拔掉"第二支箭",更无法拔掉"第一支箭"!

总结一下悉达多的认知疗法,佛陀把虚无的倾向用到极致:

第一,他用得彻头彻尾:虚无掉每一认知环节。

第二,他用得恰到好处:既虚无又不彻底虚无。

这位"半虚无主义"的大师,值得占有现代心理学的一席之地!

19. 悉达多的行为疗法：实践于正道

——佛学不是做好事

理解难，行动更难。正因为如此，在悉达多的认知疗法之后，还有悉达多的行为疗法。不过与前者的超出常规相比，后者往往被认为太合常规——佛教以"八正道"为修行方法，即八种方法：正见、正思维、正语、正业、正命、正精进、正念、正定。[19-1]分为认知、行为、觉悟三部分：

——认知，即第一项：正见。

——行为，即第二到六项：正思维、正语、正业、正命、正精进。其中正思维在现代心理学中算认知，而在佛学中算行为，此处按佛学分类。

——觉悟，即第七、八项：正念、正定。

确切地讲，悉达多的行为疗法，应该称为悉达多的"认知—行为—觉悟"疗法才对。

真的太合常规吗？

误解一，八种方法好像"道德说教"似的。我想告诉各位：还真不是这样。对此我会提供有力的论证，但考虑到我的论证比道德说教还有争议，最后再讲。

误解二，八种方法好像"普普通通"似的。我想告诉各位：**佛陀的道理从来微言大义**。我把佛陀的"大义"总结为三点，穿插在八种方法中，可以先讲。

* 从正见开始

八种方法的第一部分是认知。

按说我们已经讲到行为了，之所以要再讲认知，因为两者在佛学中分也分不开：八种方法无法盲目开始，只能开始于正见，即正确的世界观——因缘法，及正确的人生观——无常、苦、无我。

各位可能觉得此话多余：谁行动不带认知呢？其实这种情况很常见。

先看看现代心理治疗：

——行为疗法采用电击、捆绑，还是脱敏疗法、交互抑制，不谈认知；

——精神分析采用启发式的谈话，也不纠正认知；

——人本疗法以来访者为中心，更不干预来访者的认知；

——认知疗法倒是纠正认知，可受科学的限制，它仅仅质疑错误的认知，并不提供正确的认知。

再看看西方流行的减压瑜伽和减压静坐，常见的广告大意是为减压而减压，无关佛教义理。怕只怕很难奏效：想象一个贪、嗔、痴很重的人，一个对任何事都很执着的人，自然心烦意乱，自然压力很大，他或她的压力会因为单纯瑜伽、单纯静坐消除吗？恐怕不会。原因很简单：这位朋友的错误认知仍在。

"从正见开始"，这是佛陀告诉我们的第一点大义。

* 以清净为道

八种方法的第二部分是行为。

认知固然重要，可与其他学说相比，佛教又格外重视行为。**首先要实证**，这出于验证佛法的需要。**其次要实修**，这出于因果报应的考虑，佛教认为修行对今生和来世都有意义，如日本学者阿部正雄所分析：在大多数宗教中，救赎是在死后，而佛教却强调在现世中救赎。[19-2]结果我们看到，八种方法以一项认知开始，接下来五项全是行为，这种次序和比例，恰如其分地反映了它们在佛教中的地位。

具体行为包括：正思维、正语、正业、正命、正精进。它们并非胡乱出现：佛教把行为分为意、口、身三种，八种方法也以此为序排列行为。

首先是意向上的行为——正思维，即正确的意向。怎样才算正确的意向？佛陀指出贪欲、嗔恨、伤害为恶念，我们可以推断，反面就是正确的意向。

其次是语言上的行为——正语，即正确的言语。怎样才算正确的言语？佛陀指出撒谎、传话、骂人、乱讲为恶习，我们可以推断，反面就是正确的语言。

最后是身体上的行为，包括正业、正命、正精进。

所谓正业，即正确的举止。这里的业不是"职业"的"业"，而是"业力"的"业"。怎样才算正确举止？佛陀希望我们不杀生、不偷盗、不淫邪、不妄语、不饮酒。在文化多元性的今天，这几条都有待商榷：关于不杀生，畜牧区人口以宰杀为生；关于不淫邪，现今婚恋都多种多样了；关于不偷窃，人权组织常常指责国际巨头们在合法地偷窃；即使不妄语和不饮酒，今天也难以绝对界定。看来关于"正确的举止"，我们只能把判断留给每位现代人的良知。

所谓正命，即正确的职业。这里的命不是性命的命，而是命运的命。怎样才算正确的职业？佛陀以有利于众生为善，以有利于自己为善，因此只要不害人、不害己，都算正确的职业。

所谓正精进，即正确的努力。怎样才算正确的努力？佛陀说：让未生恶念不升起，使已生恶念摒弃，使未升善念升起，使已升善念保持。可见心理上的努力就算正确的努力。

与现代心理学的行为相比，佛学行为的根本不同在于其清净特质。你看，正思维是清净意，正语是清净语，正业、正命、正精进是清净身，加起来，它们被尊称为"清净道"。

至于为什么会这样，又由两个细节上的不同所决定：

一是有别于现代心理学行为疗法中只有行为、没有意识，佛学行为疗法始于内心、终于内心。"始于内心"指的是佛学行为第一项正思维，即意志，意志带来了主动：烦恼抑或平静由自己决定，非他人决定。"终于内心"指的是佛陀的逻辑一脉相承：既然前面提过"苦、集、灭、道"的目标在于平静，那么其中的"道"，即"八正道"的最终目标也在于平静。追求内心平静，决定了行为上"图个清净"。

二是有别于现代行为疗法针对治疗某种情绪——如恐惧，佛教的行为疗法不针对任何情绪，甚至不指望达到任何情绪。佛教认为任何情绪，大喜大悲、小喜小悲，都符合苦的定义，毫无差别。这样才好理解，在八种方法中，我们见不到幸福、欢笑、奋斗、成就等字样，唯一见到的表象是清净。

"以清净为道"，这是佛陀告诉我们的第二点大义。

纷扰的世界 ➤ 正见、正思维、正语、正业、正命、正精进、正念、正定 ➤ 清净的内心

清净之道

＊ 到觉悟为止

八种方法的第三部分是觉悟。

仅凭以觉悟为结尾，佛学就在提示我们：要实现平静的目标，像心理学那样只讲认知与行为，还不够！

不过可以理解，"觉悟"一词听着有点玄。究其原因，在认知、行

为、觉悟三项中，前两项与现代心理学对应得上，所以理性无疑；唯有最后这项与现代心理学对应不上，所以显得可疑。更糟糕的是，各种神秘力量都宣传觉悟，却从不定义何为觉悟。如果我们真向某大师请教，十有八九会被"不立文字、以心传心、教外别传"等搪塞过去，更让人觉得玄而又玄。

考虑到"觉悟"一词的这种形象，本书应该避嫌才对。问题是佛陀自称为"觉者"，我们如何能避开"觉"字呢？因此，还是决定辩护如下：即便悉达多的心理学再理性，也难免有与现代心理学不完全对应的部分吧。**觉悟就属于这种既理性又对应不上的部分。**

为了证明这点，我们就要试着把它讲清楚才行。

如何定义觉悟？

它是"觉的体验"最后一步，即感觉、觉知、觉悟——意识从低到高过程的最后阶段。

如何实现觉悟？

只有方法，没有保障。方法就是八种方法中最后两项：正念与正定。

所谓正念，指的是专注而觉知的状态，虽然行、住、坐、卧不限，但一般指动态中的觉知。这里的"正"，不是"正确"的意思，而是"正面"的意思。正念的意义在于回到当下：既然正面面对，就不会在过去，不会在未来，只会在当下。虽然世界上关于当下的口号很多，可唯有佛学提供了方法——在正念中增强觉知力。[19-3]

所谓正定，指的是在禅定中体悟正见的状态，一般指静态中的觉知。这里的"正"不止"正确"的意思，还有"正见"的意思。正定的意义在于巩固信念：在禅定中，正确的见解深入我们的潜意识层，从而转化为信念。虽然世界上关于信念的口号也很多，可也唯有佛学提供了方法——在正定中增强定力。[19-4]

佛教经典中形容，佛陀行走在暴风雨中也很平静，这就是正念、正定吧。

最后，大家最关心的问题是：觉悟到了什么？

说实话，提到体验，一百个人会有一百种体验，而提到觉悟这种说不清的体验，一百个佛教人士会有一百种觉悟。这就是我说它"没有保障"的缘故。如果真要问个究竟，各位不妨这样理解：

一方面，佛教的目标在于平静，甚至灵魂也要归于寂静，因此觉悟的认知在心灵平静。如此就好理解正念和正定对认知的帮助：回归当下、回归感性、回归内心、回归正见。

另一方面，佛教的一切源于因缘法，因此觉悟的行为在随顺因缘。如此就好理解正念和正定对行为的帮助：跨越从理论到实践的鸿沟。

"到觉悟为止"，这是佛陀告诉我们的第三点大义。

重新审视：觉悟玄不玄？

第一，佛教中的觉悟可以通过正念与正定的方法获得，无须神通或神力。

第二，佛教中的觉悟虽然既不是认知，也不是行为，而介于认知与行为之间，仍属理性的范畴。

显然觉悟不玄。不仅觉悟不玄，八种方法都不玄；不仅八正道不玄，至此讲到的悉达多心理学都不玄。"不玄"说明什么呢？**佛学与现代心理学异曲同工，仅靠理性就可以实现平静的目标。**

这就是我们讲佛学与现代心理学既不同又相通的理由，也是本书比较这两种学说而非别的学说的缘故。

* 八正道不是做好事

好，以正见为始，以清静为道，以觉悟为终，估计各位都没争议。但我想做一个争议性的总结：八种方法不是做好事。

这个问题的由来是基督教、伊斯兰教、犹太教讲正义，儒家讲仁爱，道家讲天然，墨家讲兼爱，好像都可以算"行为疗法"吧，假如从广义上算的话，那悉达多的行为疗法有何不同呢？不同就在于：**大多数政治、环保、伦理主张都强调"做好事"，而佛学是否如此值得商榷。**

首先，八种方法限制了好事的对象——给谁做好事？

从正见、正思维、正命、正语、正念、正定这些词，我们就很容易看出：它们的主语都在个人。

这就排除了政治学。政治学是要爱社会的，像宗教、儒家和社会学家们强调的那样。可八种方法的目的不在社会：我们只能让自己平静，很难让社会平静。

这也排除了环境学。环境学是要爱自然的，就像道家和现代环保主义者强调的那样。可八种方法的目标不在环境：我们只能让自己平静，很难让自然平静。

排除了社会与自然，也就排除了伦理学。伦理学虽然指导人做好事，但做好事总要有个对象才行吧？虽说让自己受益也算"好事"，可实在不算常规意义的"做好事"。

估计上述已有争议——部分佛教人士可能拍案而起：你这是"小乘"！我的确要澄清：佛教既不反对帮助他人也不反对利益社会。但同时也想澄清：在佛陀的学说中，次序有先有后。

什么在先？个体解脱在先。所谓天下众生，不过由你我这种个体组成，因此八种方法以个人为主体，佛教称之为"解脱道"。

什么在后？利益社会在后。你我自己解脱后，当然应该帮助他人解脱，就像佛陀在觉悟之后，为大众说法四十五年那样，佛教称之为"菩萨道"。

为什么不能调转次序或同时进行呢？现代心理治疗中总结出两条经验：一是助人能否成功取决于受助者是否愿意；二是即使受助者愿意，助人的成功率也低于自助的成功率。显然，先"解脱道"、后"菩萨道"，本来就是最合理的次序。

又有朋友可能反对：我所见的与你所说的不同！比如，佛教讲布施、持戒、忍辱、精进、禅定、智慧，第一项不就是"布施"吗？再如，社会上很多佛教团体不都以公益为先吗？

说实话，我很认同大乘佛教的济世情怀，更钦佩佛教社团的菩萨精神！但我们讲的是悉达多心理学，不是大乘佛教。在历史上，"解脱道"出现较早，"菩萨道"出现较晚。[19-5]哪种代表佛陀本人的意思呢？都能解释得通——佛陀讲的是解脱道，行的是菩萨道，本书不过以最接近佛陀的版本为准罢了。

如果上述还不算有争议的话，那接下来就更有争议了：佛教不仅否认了好事的对象，甚至否认了好事本身——什么是"好事"？

比如你帮助某人，前提是帮助对某人真实吧？如果好事不实有、某人不实有、你也不实有，那"好事"意义何在？这样看来，前面我们讲"小我融入大我"，不仅按"我不存在"无法解释，即使按"存在不实有"也不完美，因为"小我"不实有，那"大我"也同样不实有吧。世界大同的理想虽好，但更契合于印度教的"梵我合一"及道教的"天人合一"，如果算上天堂中的"神我合一"，甚至契合于基督教、伊斯兰教、犹太教的理念。无论哪种"合一"，先决条件都是实有，而实有，恰恰是佛陀所反对的（起码在他有生之年）。

读到这里，部分佛教人士又拍案而起：你这是"顽空"！可请注意，我并没说一切皆空，我只是在讲因缘法——佛陀所讲的因缘法的道理：好事也因缘和合，好事也因缘离散。怎么能算"顽空"呢？如果效仿佛陀，我们是要以理服人的。

要以理服人，佛教只能这样说：好事的对象在社会，受益者却在自己，因为它让自己解脱。说实话，这倒解释得通：

看看布施如何验证"无常"，既然财富无常，那谁的都一样吧；

看看布施如何验证"苦"，给太多一定求不得、怨憎会、爱别离吧；看看布施如何验证"无我"，帮助他人就忘记了自我吧。

的确，布施的过程就是解脱的过程！

虽说解释得通，也只在一定程度，再追问又不通：如果"解脱"本身也不实有呢？那就超出本书的范围了，我只能说，后来佛教的分化并非全无道理……不过就此打住，假设解脱仍有意义。

各位朋友，别以为我在质疑佛教，相反我正准备为佛学做最后的陈述：**为解脱而做好事，就一定是坏事吗？不。起码对心理学而言，是大大的好事！**

想想看，除了佛学以外的各种宗教、各种学说，都以善为最高目标，都要求人类为善而善，这何尝不为生命带来巨大压力？又何尝不让生命感觉渺小卑微？以至于西方存在主义学者，从克尔恺郭尔到尼采、到萨特、到梅罗梅，无不为生命的无奈而呐喊！

其实早在两千多年之前，佛陀已为此提供了出路：第一，善也存在而不实有，那也不值得执着；第二，行善不是目标而是方法，为的是实现更高的目标——生命的解脱。

这对社会意义不大，对自然意义不大，对生命却意义重大！

第三部分　连接生命的心理学

——为什么佛学能解决现代心理学解决不了的问题？

20. 有信念，有感受，才有生命

——方法上多元一些

两种智慧好说，"谁够谁不够"难说。因为众所周知，比较是会惹麻烦的事。

* 比较出真知

举个不恰当的例子吧，一位明星在台上很自在，两位明星同台就较劲，甚至双方的粉丝都各为其主捏一把汗。我以为这就是比较出来的麻烦。

之所以列举如此不恰当的例子，因为作者也捏着一把汗，不是为明星，是为自己。如前言中所预警，现代心理学的爱好者可能认为本书不够中立，佛学爱好者又可能拒绝接受本书的中立，虽说两边恰恰证明作者不能更中立，但愤怒之余仍会迁怒作者——为何比较呢……

按说是啊，如此麻烦的比较，意义何在？

意义就在于：我们所讲的两种智慧，并非虚无缥缈的智慧，而是理性的智慧——前一种智慧太好办了，什么都不说、什么都不做就办到了，可后一种智慧不好办。何为理性？它以怀疑为源头，以比较为过程。

首先看看人类的三种基本逻辑——同一律、矛盾律、排中律，无不出自比较。

其次看看现代心理学这边，大师威廉·詹姆斯将比较列为现代心理学的研究方法。[20-1]而现代宗教学这边，大师麦克斯·穆勒更提出"只懂一种宗教的人，其实什么宗教都不懂"。[20-2]

那么佛学呢？有人会说：佛教不是无分别吗？

说实话，那是本质世界的境界，而非现象世界的境界。不信的话，就请教下某位"不分别"大师三个问题吧：第一，我们见小孩落水，该救还是不救？第二，我们坐下，该坐火炉上还是坐凳子上？第三，我们出门，该穿衣服还是不穿衣服？如果都"不分别"的话，大师仍然是大师，但世界就乱了。

并且那是佛陀之后的说法，而非佛陀时代的说法（因此又超出了本书的范畴）。还不信的话，请读下佛教的原始经典《阿含经》吧：从始至终，佛陀不都在与婆罗门教、顺势派、怀疑论等外道"分别"吗？本书以佛陀为师，既然比较出真知，那真智慧就不怕理性的检验！

诸位，先别为我惹麻烦的勇气鼓掌。因为开场白通常是柔和的：在我看来，现代心理学与佛学各有所长，甚至前者的所长更明显——它最科学、最正统、最主流，当之无愧成为现代人解决心理问题的首选，而包括佛学在内的其他任何学说，都只能作为科学之外的补充。

但补充绝非可有可无，甚至不补充还不行，道理很简单：生命不是为科学而活着，相反，科学是为生命而存在。之前我们提出了问题可能存在：第一，现代心理学似乎不足以解决现代人的烦恼；第二，现代心理学似乎不愿意解决现代人的烦恼。之后我们证明了问题确实存在，现在需要解决问题了：第一，如何提升这种能力；第二，如何提升这种愿望；前者涉及心理学的方法，后者涉及心理学的方向。

因此我准备用本书最后两章，分别从整体方法上和整体方向上，回答本书的主题：佛学能给现代心理学提供什么补充？或者说得尖锐些：佛学能否解决现代心理学解决不了的问题？

*信、解、行、证

既然讲整体方法，当然包括并超过我们已讲的——认知与行为。读者们会问：解决心理问题的方法，不会仅限于认知与行为吧？而心理学家会问：解决心理问题的方法，还能超过认知与行为吗？对两个问题的回答都是肯定的——佛学就是这么做的，只不过我们还没把它的方法串联起来罢了。

佛学的整体方法，概括起来共四个字：信、解、行、证。[20-3]

所谓信，即信仰或信念。佛学让人不信神力、信轮回，就是信仰；佛教让人诸恶莫作、诸善奉行，就是信念。

所谓解，即认知。我们讲了悉达多的认知疗法——破法执、破我执、破执着。

所谓行，即行为。我们讲了悉达多的行为疗法——八正道。

所谓证，即验证。从感觉到觉知再到觉悟都是证悟。

回顾前面的内容，中间两项虽是重点，但另外两项也有提及。由此可见佛学的治疗与现代心理治疗最直观的不同——数字上的不同。看看，佛学的治疗包括四种方法：信仰、认知、行为、觉知。而现代心理治疗少于等于两种方法：或者认知，或者行为，或者认知加行为。

不同归不同，有什么好处呢？**我们猜测：佛学增加了两种方法，也增加了两次成功的机会吧。**无独有偶，麦克斯·穆勒将自我意识分为感性、理性、信仰三种功能。[20-4]现代心理学覆盖了中间一种，似乎遗漏了前后两种。

不过有人质疑：未必。首先，新的方法未必有用；其次，如果确实有用，为何没被现代心理学采纳呢？让我们看看这两种"可疑"的方法：信与证。

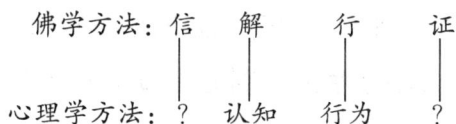

```
佛学方法：信      解      行      证
              |      |      |      |
心理学方法：？   认知   行为    ？
```
佛学与心理学方法对比

*给宗教一点空间

信，首先是信仰的信。

信仰起源于神秘，表现为宗教，可以说：神秘、宗教、信仰三者，密不可分。

《圣经》中有这样一句话：信是所望之事的实底，是未见之事的确据。[20-5]从理性的眼光看，时间上不在当下的、空间上接触不到的都值得怀疑，可信仰要我们都确信为实。于是现代人常常视为荒谬。好在荒谬到一定程度，反而成就其伟大，就像基督教历史上德尔图良神父论证上帝存在的名言："因为荒谬，所以我相信。"这正是理性所没有的魅力。

且慢，我们不是一直强调理性吗？当介绍佛学的时候，不是说抛开宗教吗？是的，之前是之前，现在是现在——之前抛开宗教，为的是看清理性；现在看清之后，还要把宗教找回。

并且以理性的名义。

如果我们足够理性，就会承认人类知识的局限。由此想到罗素，这位曾经写过巨著《逻辑原理》的大师，如此描写生命的神秘：当青春已逝，有必要感到自己是来日无多的个体，是生命溪水的一部分，从源头流向遥远而未知的未来。

如果我们足够理性，也会包容自己抗拒的内容。由此想到伏尔泰，这位启蒙运动的开拓者一生反对教会，却从不反对宗教。他说：理性的真正胜利，在于它使我们能够与非理性的人共处。

因为本书的读者足够理性，我们才能审视宗教对心理学的作用。

宗教虽然不是现代心理学的一部分，却原本是广义心理学的一部分。我们的祖先早就发现，与理性相比，非理性才是直通心灵的捷径。首先是祷告，其次是经文。受科学教育长大的一代往往以为"多幼稚啊"，其实不然。

祷告和经文都很符合现代心理学的原理。祷告有助于改善潜意识。比如《圣经》中说："应当一无挂虑，只要凡事借着祷告、祈求和感谢，将你们所要的告诉神。"基督教要求冥想般地祷告，佛教要求信徒每日念佛，伊斯兰教要求信徒每日礼拜五次，都有加强潜意识的效果。而经文则有助于改善习惯，背诵经文、查阅经文、朗读经文、执行经文，都无形中纠正着习惯。

进入科学时代，宗教的作用仍然被很多心理学家认可。比如荣格认可佛教，他用佛学的语言说："人无法因所想的东西而解脱他的痛苦，只有凭借比他更伟大的睿智。唯有如此，他才能超越苦。"当然荣格也推崇基督教，他认为天主教会坚持严格的忏悔制度起到了类似心理咨询的作用，可谓世界上最大的心理咨询机构。

宗教虽然有益，却被现代心理学排斥在外，为什么呢？因为不符合科学的定义。结果从盲目信仰的极端走向毫无信仰的极端。心理学家弗洛姆批评道：过去的反宗教奋斗，是为了解脱精神上的枷锁，这是一种反对不合理信仰的奋斗，是人类理性信仰的表现，相信人类能建立一个自由、平等、博爱原则引导的社会。今日的缺乏信仰，是极度混乱与绝望的表现。[20-6]

好在情况可以改变：**只要取消科学的定义，现代心理学就可以重新接纳宗教。**我以为这将是一种双赢的局面。何谓双赢？

一方面，**现代心理学需要信仰，因为它的根源——人类需要信仰。**

有了信仰，很多事情才好解释。比如，现代物理学家宣称宇宙是大

220

爆炸的产物，没错，但大爆炸本身从何而来？如果之前还有更多小爆炸的话，小爆炸又从何而来？又如，心理学家宣称进化论已经否定了创世论，没错，但生命的第一次飞跃从何而来？人类的第一次意识又从何而来？如此追溯下去，必然得出牛顿曾经得出的结论：科学固然可以解释自然，却无法解释创造自然的原动力。

有了信仰，社会道德才好实现。俄国小说家陀思妥耶夫斯基说："如果没有上帝，一切都可为。"可那样的话，人类将无敬畏，善恶将无区别。这句话不如反过来讲：因为有信仰，坏事才不可为。

有了信仰，心理学才好治疗。心理学家布里尔博士说得好："一个真正有信仰的人不会患精神病。"

另一方面，**现代宗教也需要理性，因为它的根源——造物主创造了人的理性。**

站在宗教的角度，我们不妨这样理解：上帝造人，不是为了让人类崇拜，而是为了让人类选择。虽说自我选择不可避免带来怀疑，世界上没哪门宗教喜欢怀疑，但唯有如此，才能彰显造物主赋予人类理性的本意吧。

更重要的是，我们根本不必二选一。诸如牛顿、爱迪生、爱因斯坦等众多科学巨匠都是虔诚信徒。牛顿说："科学与上帝伟大的创造相比，不过如一个孩子在大海边偶然捡到一片美丽贝壳而已。"爱迪生说："假如我否定上帝的存在，我就等于亵渎我的知识。"爱因斯坦说："没有宗教的科学是跛子，没有科学的宗教是瞎子。"我不是说信仰上帝才能成为科学家，只是说不矛盾——请给信仰一些空间。

*给道德一点空间

除了信仰的信，还有信念的信。

区别何在？简单地说，信仰带有神秘，一般被称为宗教；信念没有神秘，一般被称为道德。

作为哲学的一部分，道德不像宗教那样神秘，也不像科学那样严谨。举例来说，佛教中的"诸恶莫作、诸善奉行"就谈不上神学或科学——虽然理性，却无法实证，因此只好要求各位"有信念"。类似地，大多数正义感和价值观都属于这种情况。

自古以来，道德就是广义心理学的一部分，不仅因为理性，更因为有益。积极的效果无须多言，社会正义鼓舞过仁人志士为之献身。但如果缺乏道德，负面的效果更需警惕，古有《三字经》云：人不学、不知义，今有心理学家威廉·詹姆斯写道：把应该做好的理由坚持着念念不忘，把我们想走更繁华路程的念头遏绝，把我们的脚毫不退缩地踏进更费力的途径——这些是道德能力的特征。[20-7]

既理性又有益，道德却也被现代心理学排斥在外，为什么呢？同样因为不够科学。在这点上科学家们并没搞错：道德完全不客观，更谈不上准确、普遍、可控的客观。因此，尽管你预期现代心理学给你指导，可现代心理学家千方百计地拒绝给你道德指导，即使以认知命名的"认知疗法"，提供的认知也非常有限，因为**中立才是科学应有的态度**！

"价值中立原则"被现代心理学界奉为圣经。奇怪的是，连人本心理学家都随声附和，却无法解释**"以人为本"恰恰是一种正确而不中立的价值**！

情况同样可以改变：**只要取消科学的定义，现代心理学就可以重新接纳道德**。有人会问：心理学已经有了认知，还需要道德吗？我以为需要。原因在于知识无法替代道德对潜意识的作用。比如我们要找仁、义、礼、智、信的道理，还真不如读《三国演义》《西游记》《水浒传》《红楼梦》更靠谱些。我不想把四大名著改编为心理学的教材，只想说，根本不用改编，它们本来就是心理学——请给道德一些空间。

*给感觉一些空间

除了"信"，还有"证"，即觉知。

我们前面简单提到，觉知是身心连接的关键——"觉"连接身体，"知"连接心灵——可意义何在？

首先，身心连接让人更健康，生理上让身体更健康，心理上让心灵更健康。自古以来，东西方都认为这一目标很重要，只不过比较而言，西方强调理论，东方则强调方法。佛家讲觉知，道家讲养生，都在寻求实修的方法。

其次，身心连接还让人更感性。对现代人来讲不太好的消息是，各项身心的机能都在退化；而好的消息是，动物般的感性特质始终在我们体内，等待觉知重启。

更感性与更健康，都是为了回归生命的本性。听起来是不是有些夸张呢？其实像作者这般理性的人是很难夸张的。我只想说：**生命有理性与感性的两面，无论偏离了哪一面，都将失去平衡。**

这也是心理学家罗杰斯一直追问的问题：如何成为完整的人？因此毫不奇怪，他痛批现有的体系：通过割裂思想与感觉——思想是被认可的，感觉被认为是动物性的——而导致可怕的非人性化。[20-8]

罗杰斯提出的问题无法被现代心理学回答（也无法被他本人回答），原因在于感觉并不科学。别误解，现代心理学中有测量感觉，可那与觉知练习是两码事。前者目的在于科学研究，后者目的在于身心健康。如果你问：现代心理学不需要感性的力量吗？说实话真不需要，**只要现代心理学是科学的，它就不需要是感性的！**

同样只要取消科学的定义，现代心理学就可以接纳觉知，从而把佛学实修的方法改造为心理健康的流程，甚至改造得更现代、更系统、更标准。我不想向心理学家强行推荐来自东方的方法，只希望给觉知一些空间。由于觉知开始于感觉，也不妨说：请给感觉一些空间。

总结佛学的整体方法：

第一，在"信"上，请给宗教、道德一些空间；

第二，在"证"上，请给感觉一些空间；

第三，在"解"上，请给虚无一些空间；

第四，在"行"上，请给清净一些空间。

看来，佛学能给现代心理学的第一条补充就是：方法上，更多元一些。而要做到这点，就要先修改现代心理学的定义！

关于"佛学为什么能解决现代心理学不能解决的问题"，我们找到了部分答案，还不是全部答案。

21. 吾爱吾师，尤爱他对生命的专注

——佛学的魅力与限制

除了从方法上找原因，还要从方向上找原因。按说在大方向上，两者并无不同：佛学是生命的学说，现代心理学何尝不也是生命的学说？但这仅仅说明，我们还要从小角度看才成。

* 专注于解决问题

首先，佛学更专注于解决问题。

想想是不是这样：佛陀的学说围绕着解决生命的问题。佛教也好，佛学也好，都以此为主线；理论也好，实践也好，同样以此为主线。

反面的情况是什么呢？只测量问题、描述问题、讨论问题，就不解决问题——或者毫无意愿，或者不计结果。如果不在这里而在大街上问路人这个问题，一定会被反问："有这种情况吗？"事实上，这正是现代心理学已经变成的情况。

看看学院心理学家们的工作吧：他们测量问题，从一个实验开始，到下一个更离奇的实验，测量得精益求精；他们描述问题，从统计开始，到解读统计的数字，描述得事无巨细；他们讨论问题，从自己的数据开始，到批评别人的数据，讨论得头头是道。都以科学的名义。

关于这门科学的目标，心理学家菲利普·津巴多与理查德·格里格写道：心理学家从事基础研究的（前四个）目标是描述、解释、测量和控制行为。应用心理学还有第五个目标——提高人类的生活质量。[21-1]

　　两位学者在心理学界既权威又中立，可正因为他们既权威又中立，请注意令人困惑的现状："第五个目标"不应该成为"第一个目标"才对吗？我以为：**现代心理学颠倒了研究与应用的次序。**

　　这么说，有几点理由：

　　有人说，基础研究对心理学有用。对此我完全理解，没有毕达哥拉斯的数学，就不会有现代科学；没有牛顿的定律，就不会有工业革命；没有爱因斯坦的相对论，就不会有原子弹；很多实用的心理治疗方法也来自心理学研究。可别忘了，科学不过是人类征服自然的工具，如果工具变成了目的，那就本末倒置了。

　　也有人说，以基础研究为主、以应用为辅并非现代心理学所特有。对此我也理解：数学、物理、化学、生物学不都以基础研究为核心吗？为何要单单指责心理学呢？可问题是，人们对不同学科的预期不同：与哲学、数学等基础理论相比，人们预期心理学应该证明自己的实际用途——这并非我的观点，而是一百多年前美国机能心理学创始人约翰·杜威的观点。

　　还有人说，基础研究起码无害吧。按说测量问题、描述问题、讨论问题不应该影响解决问题，可对心理学来说还真难讲：由于占据着科学的制高点，基础研究不仅降低了对心理治疗的专注，还限制着心理治疗的方法。如果我们仅仅限制前者为科学，没问题；可如果我们限制后者为科学，就很有问题。

　　其实现代心理学中不以应用为主导，还只是第一层不专注；即使在处于从属地位的应用中，心理治疗仍不主导，才是第二层不专注。看看商业心理学、法庭心理学、工业心理学、教育心理学、竞赛心理学、军事心理学……**对比悉达多的心理学，只有一种应用：灭苦。**

　　话说回来，不专注于解决问题，非现代心理学特有的减分——所有科学都以发现自然规律为目标，都以测量问题、描述问题、讨论问题为方法。而专注于解决问题，非佛学特有的加分——任何能够流传下来的古老学说，都必然以解决问题为目的。可这一加一减，已经让两者分道扬镳了。

* 专注于生命的负面

在要解决的生命问题中，佛教尤其关注生命的负面。

想想是不是这样：苦是它的核心，空是它的方法，解脱是它的目标。西方思想家常常批评说：佛教讲苦是负面的，佛教讲空是虚无的，佛教讲解脱是消极的。而佛教人士则辩解说：苦是事实，空不虚无，佛教很积极。

我以为：这种批评没必要，这种辩解很乏力。**事实是：佛学就是苦的、空的、解脱的！但它们不是佛学的缺点，恰恰是佛学的优点；除了佛学，世界上还没有哪一门学说如此专注于生命的负面！**

现代心理学不也关注人生命的负面吗？比如心理治疗中的心理问题就是人生的负面。可这种关注远远称不上专注。

只要随手翻开最新一期心理学杂志，各位就会发现：现代心理学家们关心的内容既无关生命的正面也无关生命的负面，占最大比例的是心理学实验：实验数据、实验分析、实验对比。即便找到相关的话题，最新的趋势还更倾向于生命的正面，因为在现代心理学中，有一门快速兴起的分支叫"积极心理学"。

顾名思义，积极心理学强调人生积极的一面。在理论上，它有似乎合理的说法：大部分人的大部分人生是健康的而非痛苦的，因此关注心理健康比关注心理治疗更重要。

在方法上，它有难以抗拒的诱惑：测量它比测量心理治疗容易。原因是人在积极时本来就比人在消极时好打交道：积极时，被实验者愿意回答并且回答可信；消极时，被实验者或者不愿回答，或者回答可疑。如此与心理治疗对比，积极心理学就宣称自己提升了测量的准确性和科学性。

积极心理学的代表人物——曾任美国心理学会主席的马丁·塞利格曼总结道：心理治疗让心理学偏离了其历史使命，即对正常人生活的丰富和完满，以及对天才的发现和培养。[21-2]

塞利格曼是我十分敬重的心理学家，但在这个问题上，我与主席的"使命感"完全相反。**我以为，积极心理学让现代心理学偏离了心理治疗，等于把原先的"没有方向"引向了错误方向。**

我敢这么说，也有几点理由：

——相比人生的正面，人生的负面更需关注。前者无所谓危机，不过是锦上添花；后者是人生的危机，无异于雪中送炭。哪个更重要呢？当然雪中送炭更重要！这才是现代心理学表明意愿之时。

——相比人生的正面，人生的负面更难解决。如果回忆下各位的亲身经历：是开心变更开心难，还是忧郁变开心难？大多数人都切身体会到后者更难。原因在于：开心的时候思维放松，我们容易更放松；而忧郁的时候思维紧张，我们容易更紧张。这才是现代心理学证明能力之时。

——最后人生的负面解决了，自然会带来人生的正面。为什么呢？一个不为心理束缚所困的人，自然会选择一种个人成长之路，实现一种最美好的生活——这并非我的观点，而是积极心理学的前身、人本心理学的基本观点。[21-3]

至于积极心理学提高了测量的准确性，那有关方法，无关方向，方法不能取代方向。更何况那是描述问题、分析问题的方法，不是解决问题的方法。事实也证明如此：当20世纪末积极心理学兴起的时候，它画出了一张快乐的"大饼"。可二十年过去了，回顾进展，积极心理学家们仍在走测量、描述、分析的老路，真正解决的问题少而又少。说怪也不怪：立足于"多看正面、少看负面"的它，本来就没有真正需要解决的问题！

话说回来，生命是一个连续的过程，因此它的正负两面，更像正负两段。假若用正数、零、负数分别代表积极、平静、消极的话，我想说的是：**从零向正容易，从负向零很难，在从零向正之前，请先专注于从负向零！**

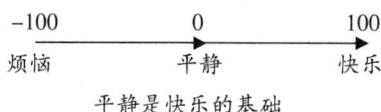

```
 -100              0               100
┣━━━━━━━━━━━━━━━━━━━━━━━━━━━━━━━━━━▶
  烦恼            平静              快乐
```
平静是快乐的基础

* 专注于生命的个体

在要解决的生命问题中，佛教还格外关注生命的个体。

回想下是不是这样：佛陀讲无常，从个体生命的"五蕴"开始；佛陀讲苦，从个体生命的苦开始；佛陀讲"无我"，从个体生命的"无我"开始。请注意，"无我"不表示不存在个体，只表示不存在单一、不变、主宰的个体。事实上，佛教如此激烈讨论"我"与"无我"，正因为它格外关注每一生命个体。

那其他宗教或哲学呢？它们虽然也关怀生命，却更多关怀社会层次的生命；即使到生命的负面，它们也更关心社会层面的负面，而不屑谈论个人的"小事"。比如我们中国诸子百家都讲天下大治，连老子也讲"无为而治"；西方宗教更如此，全人类犯下的罪，要由全社会集体承担。

那现代心理学呢？与佛学一样，现代心理学也关注于个人。看看，心理治疗中多用一对一咨询，少见集体咨询，原因很简单：每个人的心理问题都不同。我可以自豪地讲：**在所有学说中，现代心理学与佛学可为最关注个体生命的两种！**

不过在两个最关注之间，现代心理学又稍显不够专注。我们知道，现代心理学中既有个体心理学，也有社会心理学：前者研究个人心理与行为，后者研究集体心理与行为。随着社会心理学的兴起，心理医生们开始强调家庭和文化的作用。

心理学家戴维·迈尔斯描述道：心理学家越来越接受这样一个观点：社会影响——一个人影响另一个人——是治疗的核心。[21-4]迈尔斯也是我十分敬重的心理学家，我同意他的描述，前提是：**不要本末倒置。**

什么是"本"？我当然希望心理学以个人为本。因为烦恼在本质上是孤独的，周围人再鼓励、再安慰、再同情，都无法为己分忧。如众星捧月中官员、明星、巨富突发心理问题的情况，我们见到的还少吗？显然，环境只是外因，个人才是内因。

那什么是"末"？社会。我不反对现代心理学关心社会，但我觉得一门学说对社会的态度，要看它出于怎样的目的。如果这门学说目的在于领导革命、反抗暴政、组织动员，那需要强大的社会感召力，在这方面，基督教、伊斯兰教、儒家做得很好。相反，我们从未发现佛教或心理学有过类似的作用。为什么呢？**一门心灵学说的主体，必定在于个人。**

* 佛学的魅力

总结一下整体方向的不同：

相比而言，现代心理学方向更广，有人说它很包容，可我说它很分散。

相比而言，佛学的方向更窄，有人说它很狭隘，可我说它很专注。

看来，佛学能给现代心理学的第二条补充是：方向上，更专注一些。而要做到这点，也要先修改现代心理学的定义！

亚里士多德曾说"吾爱吾师，吾更爱真理"，表示自己尊重老师却与老师的观点不同。今天我们以佛陀为师，观点并无不同，因此我把这句话改为：吾爱吾师，尤爱他对生命的专注！

既专注于生命的问题，又能解决生命的问题——这是"佛学能解决现代心理学解决不了的问题"的原因，也是悉达多心理学的魅力所在。

*佛学的限制

我们领略了佛学的魅力，为了公平起见，也提一下佛学的限制。

请学佛的朋友别紧张。以世俗的眼光来看，佛学的魅力必然带来佛学的限制：

首先，佛学适合个人，因此，反过来它相对不鼓励改变社会。证据是：在历史上从没有过佛教推翻暴政的记录。

其次，佛教适合平静，因此，反过来它相对不鼓励奋进。证据是：各位读佛经，读不出基督教、伊斯兰教、儒家那种催人向上的力量。

最后，佛教适合和平，因此，反过来它相对经不起战争。证据是：佛教在印度最终灭亡，及在中国四次"灭佛"中，均奄奄一息。

好在限制是否生效，要看限制条件是否成立。而今天，正是限制条件均不成立的情况。看看我们所处的这个时代吧：这不正是一个强调个人的时代、一个需要平静的时代、一个长期和平的时代吗？

没错，悉达多的心理学，正好适合这个时代！

致　谢

按说我们将活得很久很久，感谢的机会将很多很多，可一想到自己常宣称"感恩的受益者首先是自己"，就忍不住立即提笔，抓住这个让自己受益的机会。

首先要感谢在本书成稿后，Diana W、杨翊之、毛丽君、蒋莉提出了宝贵意见，尤其 Diana（国家二级心理咨询师），在其为现代心理学辩护后，还协助了出版过程中的大量沟通，再加上海南出版社陈霞女士慧眼识书。在诸位的严格要求下，自我感觉本次写作简洁了不少。

还要感谢心理学前辈和佛学前辈们的著作，对于译著，也向译者们致敬。本人所能做的，一是把大师们的著作列入书后的目录，以供参考；二是把大师们的智慧分析清楚，以便大众理解；三是加入自己有争议的观点，以尽抛砖引玉之意。

最后需要说明的是，本书副标题改自中译本《对伪心理学说不够》（斯坦诺维奇著，窦东辉、刘肖岑译）。 作者与斯坦诺维奇先生站在同一阵线，但希望比他更进一步：在打击"伪"心理学前，最好先明确什么是"真"心理学。不妥之处，还望海涵，再次感谢。

索 引

说明：我们认为包括本书在内的所有知识产权都应该得到尊重和承认，因此尽可能地注明了所有引用出处。如果有所遗漏，请联系出版社，我们将核实后于再版时补充。

[1-1] 舒尔茨. 现代心理学史[M]. 叶浩生，杨文登译. 中国轻工业出版社，2015：181—182.

[1-2] 见《阿含经》，原文是"五受阴是苦"，即生命是苦，后人引申为"人生是苦"。

[1-3] DSM-5 美国精神医学学会. DSM-5. 张道龙，等译. 北京大学出版社，北京大学医学出版社，2014.

[1-4] 罗杰·霍克. 改变心理学的四十项研究[M]. 白学军，等译. 人民邮电出版社，2015：265.

[1-5] 弗洛姆. 健全的社会[M]. 孙恺祥译. 上海译文出版社，2011：14—15.

[1-6] 弗洛伊德. 精神分析引论[M]. 周丽译. 武汉出版社，2014.

[1-7] 英国 DK 出版社. DK 心理学百科[M]. 徐玥译. 电子工业出版社，2014：244—245.

[1-8] 马斯洛. 动机与人格（第 3 版）[M]. 许金生，等译. 中国人民大学出版社，2007：141—158.

[1-9] 英国 DK 出版社. DK 心理学百科[M]. 徐玥译. 电子工业出版社，2014：151.

[1-10] 英国 DK 出版社. DK 心理学百科[M]. 徐玥译. 电子工业出版社，2014：321.

[1-11] 弗洛姆. 自我的追寻[M]. 孙石译. 上海译文出版社，2013：2.

[1-12] 埃米尔·杜尔凯姆. 迪尔凯姆论社会分工与团结[M]. 石磊译. 中国商业出版社，2016.

[2-1] 不太确定出处，如引用有误再另行更正。

[2-2] 缪勒. 宗教的起源与发展[M]. 金泽译，陈观胜校. 上海人民出版社，2010.

[2-3] 英国 DK 出版社. DK 心理学百科[M]. 徐玥译. 电子工业出版社，2014：36.

[2-4] Watson. Psychology as the Behaviorist Views It. Psychological Review.

[2-5] 菲利普·津巴多. 津巴多普通心理学[M]. 王佳艺译. 中国人民大学出版社，2008.

[2-6] http://www.apa.org/about/division/index.aspx

[2-7] 积极心理学，代表人物是塞利格曼。

[2-8] 社会心理学，代表人物是弗洛姆。

[2-9] 赫伯特·马尔库塞. 单向度的人[M]. 上海译文出版社，2008.

[3-1] 鉴于尼采有时被称为非理性主义，说明如下：首先非理性主义本身就是理性主义运动的一部分，两者都是否定宗教的产物；其次具体到尼采，他的"重估一切价值"是上承理性主义、下接非理性主义的转折。

[3-2] 现代心理学有宗教心理学的分支，但只研究宗教的现象，不涉及宗教的内容——这属于现代宗教学或者现代哲学的范畴。因此确切地讲，是宗教的内容被从心理学中分离了出去。

[4-1] 戴维·霍瑟萨尔. 心理学史[M]. 郭本禹，等译. 人民邮电出版社，2011：115—117.

[4-2] 荣格. 寻找灵魂的现代人[M]. 黄奇铭译. 上海译文出版社，2013.

[4-3] 德国哲学家胡塞尔曾经从一定程度解释过这个问题，即合并认识的主体与客体到"意向性"。可一是胡塞尔晚于冯特，二是胡塞尔的理论不具备操作性，"意向性"更难观察，也更不科学。见：胡塞尔. 欧洲科学的危机与超越论的现象学[M]. 王炳文译. 中国商务出版社，2012.

[4-4] 詹姆斯. 心理学原理[M]. 唐钺译. 北京大学出版社，2013：55.

[4-5] 现代心理学仍有道德心理学的分支，但只研究道德的现象，不涉及道德的内容，更不涉及道德的判断。因此确切地讲，道德的内容从心理学中分离了出去。

[5-1] 华生. 行为主义[M]. 李维译. 北京大学出版社，2012：258.

[5-2] 华生. 行为主义[M]. 李维译. 北京大学出版社，2012：83.

[5-3] Psychology as the Behaviorist Views It. Psychological Review，1913: 158.

[5-4] 舒尔茨. 现代心理学史[M]. 叶浩生，杨文登译. 中国轻工业出版社，2015：304.

[6-1] 斯蒂芬·米切尔，玛格丽特·布莱克. 弗洛伊德及其后继者[M]. 陈祉妍，黄峥，沈东郁译. 商务印书馆，2015：10.

[6-2] 弗洛伊德. 梦的解析[M]. 花火译. 中国华侨出版社，2013：369.

[6-3] 弗洛伊德. 性学三论[M]. 贾宁译. 译林出版社，2015: 53—64.

[6-4] 弗洛伊德. 性学三论[M]. 贾宁译. 译林出版社，2015: 13.

[6-5] 弗洛伊德. 精神分析引论[M]. 周丽译. 武汉出版社，2014：176—185.

[6-6] 叶重新. 心理学[M]. 心理出版社股份有限公司，2014：399.

[7-1] 弗洛姆. 人类的破坏性剖析[M]. 李穆译. 世界图书出版公司，2014：33—34.

[7-2] 弗洛姆. 健全的社会[M]. 孙恺祥译. 上海译文出版社，2011：21.

[7-3] 马斯洛. 动机与人格（第3版）[M]. 许金生，等译. 中国人民大学出版社，2007：180.

[7-4] 罗杰斯. 当事人中心治疗[M]. 李孟潮，李迎潮译. 中国人民大学出版社，2004：426.

[7-5] 罗杰斯. 论人的成长[M]. 石孟磊，等译. 世界图书出版公司，2015：91.

[7-6] 弗洛姆. 健全的社会[M]. 孙恺祥译. 上海译文出版社，2011：137.

[7-7] 英国DK出版社. DK心理学百科[M]. 徐玥译. 电子工业出版社，2014：164.

[7-8] 华生. 行为主义[M]. 李维译. 北京大学出版社，2012：7.

[7-9] 以下部分重述本人所著《当励志不再有效——自我平静的五步锻炼》，九州出版社，2015：20.

[7-10] 艾尔伯特·埃利斯. 克服心理阻抗[M]. 卢静芬译. 化学工业出版社，2011：14.

[8-1] 基斯·斯坦诺维奇. 对伪心理学说"不"[M]. 窦东辉，刘肖岑译. 人民邮电出版社，2012：206.

[8-2] 同上，前言。

[8-3] 同上，第224页。

[8-4] 波普尔. 无尽的探索[M]. 赵月瑟译. 中央编译出版社，2009：37—39.

卡尔·波普尔. 猜想与反驳[M]. 傅季重，纪树立，周昌忠译. 中国美术学院出版社，2003：45.

[8-5] 在本书第37章"作为一种形而上学纲领的达尔文主义"中说明：波普尔对进化论的看法曾有反复，但并不在可以证伪的问题上。波普尔. 无尽的探索[M]. 赵月瑟译. 中央编译出版社，2009：194—280.

[8-6] 以上三点，自古希腊时代即为智者学派的假说，到近代哲学已为哲学界的共识，但从来没有像科学家们证明得这般彻底。

[8-7] 杜威. 哲学的改造[M]. 许崇清译. 商务印书馆，1958.

[8-8] 库恩反对相对主义的标签，但科学共同体的评议从本质上讲必然是变化的、多元的、非客观的，一句话：相对的。另外库恩也反对"主观主义"的标签，但他仅仅反对随意的主观，并未否定科学共同体的主观。参考：托马斯·库恩著. 科学革命的结构[M]. 金吾伦，胡新和译. 北京大学出版社.2003.

[8-9] 卡尔·波普尔. 猜想与反驳[M]. 傅季重，纪树立，周昌忠译. 中国美术学院出版社，2003:46—47.

说明：波普尔在原文中称弗洛伊德及阿德勒的学说为"伪科学"（pseudo-science），但如前所述，我们最好慎用"伪"字，因此此处改用"不科学"及"非科学"的描述。

[8-10] http://www.nobelprize.org/nomination/archive/show_people.php?id=3209

[8-11] 在认知实验中，认知所表现出来的现象是可以证实、证伪的，但其基本假设——意识存在，更不用提信息处理——是难以被严格证实、证伪的。

[9-1] 英国 DK 出版社. DK 心理学百科[M]. 徐玥译. 电子工业出版社，2014:36.

[9-2] The Principle of Psychology P1.1890 第一段第一句话就是"Psychology is science of mental life, both its phenomena and of their conditions."不知何故被中文版删除。

[9-3] Watson. Psychology as the Behaviorist Views It. Psychological Review.

[9-4] 马斯洛. 动机与人格（第3版）[M]. 许金生，等译. 中国人民大学出版社，2007:189.

[10-1] 公元前467年为说一切有部的记载，公元前511年为清辩的说法，公元前569年为南传赤铜业部的记载。

[10-2] 身毛腐烂，另有办法

[10-3] 《中阿含经》56经

[10-4] 《杂阿含经》809经

[10-5] 《南传长部》16经

[10-6] 阿部正雄. 佛教[M]. 张志强译. 麦田出版社，2003:20.

[10-7] http://censusindia.gov.in/Census_And_You/religion.aspx

[10-8] 近代如太虚大师、印顺导师均持此观点。

[10-9] 虽说阐述佛陀生命学说的观点时有见到，但好像最早以此为专题的是美国的佛教学者傅伟勋教授。

[11-1] 威廉·詹姆斯. 宗教经验种种[M]. 尚建新译. 华夏出版社，2012:23.

[11-2] 佛有寿命的说法，见《地藏经》中"时有佛，名为觉华定自在王如来，彼佛寿命四百千万亿阿僧祇劫"。无寿命的说法，见《佛说不增不减经》，后人一般解释为应身有限、法身无限。

[11-3] 毕达哥拉斯及尼采信轮回在哲学史上均有记载。而罗杰斯信轮回的依据见：罗杰斯. 论人的成长[M]. 石孟磊，等译. 世界图书出版社.2015:71.

[11-4] 《南传长部》16经

[11-5] 《南传长部》11经

[11-6] 《圣经·新约》路加福音（20:20-26）

[12-1] 《南传长部》16 经

[12-2] "元素"一词，参考：舍尔巴茨基. 小乘佛学[M]. 宋立道译. 中国社会科学出版社. 2009：55.

[12-3] 有人说康德回答了休谟的问题，那是按照康德的逻辑；而按照休谟的逻辑，问题仍然没有被回答。

[12-4] 阿部正雄. 佛教[M]. 张志强译. 麦田出版. 2003 ：147.

[12-5] 《南传中部》38 经

[12-6] 《大智度论》三十一，《俱舍论》十九。

[12-7] 罗素. 西方哲学史[M]. 何兆武，李约瑟译. 商务印书馆，2015.

[12-8] 《南传增支部》 202 经

[12-9] 《南传小部》法句经十二 自己品 158 经

[12-10] 《南传中部》63 经

[12-11] 《南传中部》63 经

[13-1] 佛教文献最早是巴利文，但巴利文先被翻译为梵文，再传到中国形成了汉传的佛教文献。

[13-2] 《南传相应部》38 经 第四十四

[13-3] 《杂阿含经》第 9 经 原文是"无常即苦"。

[13-4] 同上 257 经

[13-5] 同上 139 经

[13-6] 同上 298 经

[13-7] Walpola·Rahula. What Buddha taught, Chapter 2. Oxford 1997.

[13-8] 《杂阿含经》第 284 经

[14-1] 本书仅涉及佛教的义理，因此历史上的语言是否如此，请语言学家另行考据。

[14-2] 同 13-1。汉传经典或者来自梵文，或者来自梵文转译后的西域文字。

[14-3] "惑业苦"原义出自佛陀在《阿含经》中关于十二缘起的论述，后被《唯识论》二十八总结为"生死相续由惑业苦"。

[14-4] 《南传相应部》38 经

[14-5] 《南传经集》大品十二章，此处把涅槃翻译为平静。

[14-6] 《南传经集》大品十二章

[14-7] 《法句经》幸福品

[14-8] 《杂阿含经》1478

[14-9] 《南传增支部》203

[15-1] 《那先比丘经》王初见那先

[15-2] 《杂阿含经》33 古语为"五受阴"

[15-3] 《佛藏经》第四品

[15-4] 自性的三点定义参考：印顺.妙云集[M].正闻出版社.2014.该书定义自性为单一、不变、实有；而本书定义自性为单一、不变、主宰，再统称三者为"实有"。

[15-5] 《杂阿含经》卷十 262 经

[15-6] 詹姆斯.心理学原理[M]. 唐钺译.北京大学出版社，2013:150.

[15-7] 《南传相应部》36 经

[16-0] 参考：印顺. 印度之佛教[M]. 印顺法师佛学著作全集. 中华书局，2004.

[16-1] 季羡林.季羡林谈佛[M]. 武汉出版社，2014:73.

[16-2] 《南传相应部》44 经

[16-3] 《南传相应部》44 经第九

[16-4] 即使有我也无用

[16-5] 中村元.从比较观点看佛教[M].香光书乡编译组译.香光书乡出版社，2003:107.

[16-6] 舍尔巴茨基.小乘佛学[M]. 宋立道译.中国社会科学出版社，1994:51.

[16-7] 中村元.从比较观点看佛教[M]. 香光书乡编译组译.香光书乡出版社，2003:107.

[16-8] 《佛说三世因果经》

[16-9] 《大宝积经》

[16-10] 《南传小部》小诵经 伏藏经

[16-11] 《南传相应部》55

[16-12] 《杂阿含经》273

[16-13] 《杂阿含经》10 佛陀原文是"苦故非我"

[17-1] 《南传增支部》IV 193 经

[17-2] 《南传相应部 》22 经

[18-1] 《南传相应部》35

[18-2] 《中论》 P14b 大正藏 30 册

[18-3] 《南传经集》大品十二

[18-4] 《南传经集》大品十二

[18-5] 《长阿含经》13 经

[18-6] 孔滋. 佛教的本质及其发展[M]. 胡国坚译. 贵州大学出版社，2013:8.

[18-7] 《南传相应部》十

[18-8] 《中阿含经》180 经

[19-1] 《杂阿含经》42 经

[19-2] 阿部正雄. 佛教[M]. 张志强译. 麦田出版，2003 :37.

[19-3] 金木水. 当励志不再有效——自我平静的五步锻炼[M]. 九州出版社，2015 ：254—278.

[19-4] 同上 P223—253

[19-5] 佛教的原始经典中，以解脱为主，但也含有菩萨的内容。但佛教早期强调前者，晚期强调后者是历史的事实，并不意味着否定后者。

[20-1] 詹姆斯. 心理学原理[M]. 唐钺译. 北京大学出版社，2013:25.

[20-2] 缪勒. 宗教的起源与发展[M]. 金泽译. 陈观胜校. 上海人民出版社，2010:2.

[20-3] 《华严经》中提出的四种修行方法。

[20-4] 缪勒. 宗教的起源与发展[M]. 金泽译. 陈观胜校. 上海人民出版社，2010:15.

[20-5] 《圣经》希伯来书 11:1

[20-6] 弗洛姆. 自我的追寻[M]. 孙石译. 上海译文出版社，2013:171.

[20-7] 詹姆斯. 心理学原理[M]. 唐钺译. 北京大学出版社，2013:83.

[20-8] 罗杰斯. 论人的成长[M]. 石孟磊译. 世界图书出版社，2015:188—191. 此处将译文中的"感受"改动为"感觉"，因为该书该章节之前用的是"感觉"，因此以为"感觉"更贴切。

[21-1] 格里格，津巴多. 心理学与生活[M]. 王磊，王甦译. 人民邮电出版社，2013:4.

[21-2] Authentic Happiness. New York: Free Press.2002 :19.此句未见于中译版。

[21-3] 罗杰斯. 个人形成论[M]. 杨广学，尤娜，潘福勤译. 中国人民大学出版社，2004:181.

[21-4] 戴维·迈尔斯. 社会心理学[M]. 张智勇，乐国安，侯玉波等译. 人民邮电出版社，2006:437.

图书在版编目（ＣＩＰ）数据

悉达多的心理学：对现代心理学说"不够" / 金木
水著. — 海口：海南出版社，2017.4
ISBN 978-7-5443-7043-1

Ⅰ.①悉… Ⅱ.①金… Ⅲ.①心理学—研究 Ⅳ.
①B84

中国版本图书馆 CIP 数据核字(2016)第 311669 号

悉达多的心理学——对现代心理学说"不够"

作　　者：金木水
责任编辑：陈　霞
封面设计：段咏江
印刷装订：武汉市首壹印务有限公司

海南出版社　　出版发行

地　　址：海口市金盘开发区建设三横路 2 号
邮　　编：570216
电　　话：0898-66816923
订购联系：伍老师 15348888199
经　　销：全国新华书店
开　　本：787mm×1092mm　1/16
字　　数：140 千字
印　　张：15.75
版　　次：2017 年 4 月第 1 版　2017 年 4 月第 1 次印刷
书　　号：ISBN 978-7-5443-7043-1
定　　价：42.00 元